**횡설수설하지 않고
정확하게
설명하는__법**

Original Japanese title:
DAIJINAKOTO WO ISSHUN DE SETSUMEI DEKIRU HON

Text copyright © 2016 Taichi Kogure
Original Japanese edition published by Kanki Publishing Inc
Korean translation rights arranged with Kanki Publishing Inc
through The English Agency (Japan) Ltd. and Danny Hong Agency.
Korean translation copyright © 2024 by Galmaenamu Publishing Co.

당신이 설명을 못하는 데는
사소한 이유가 있다

횡설수설하지 않고
정확하게
설명하는__법

고구레 다이치 지음 ✦ 황미숙 옮김

갈매나무

차례

▸Part 4◂ 설명은 무조건 쉬워야 한다

Part 5 가장 짧은 시간에 최소한의 설명으로
상대방을 움직여라

설명은 센스가 아니라 과학이다

81.4퍼센트. 이것은 과연 무엇에 관한 수치일까? 이는 직장인 1,000명을 대상으로 "당신은 설명을 잘하는 편입니까, 그렇지 않은 편입니까?"라고 물었을 때 "그렇지 않은 편입니다"라고 응답한 사람의 비율이다(출처: 2013년 마이내비뉴스 회원 조사). 즉 실제로 80퍼센트가 넘는 사람이 스스로 설명을 잘 못한다고 느낀다는 말이다.

부하 직원의 지도나 업무상 연락 같은 사내 커뮤니케이션은 물론 영업이나 프레젠테이션 같은 사외 협상이 필요한 일에서도 '설명'은 일상적으로 이루어진다. 설명 능력이 뛰어나면 부하 직원이 내 뜻대로 움직여주고, 회의에서 주위 사람들이 내 의견에 귀 기울여주며, 영업처의 고객이 만족한다. 이런 상황이 이어지면 비즈니스가 원활하고 빠르게 진행된다.

하지만 설명은 사람에 따라 차이가 생기기 쉽다. 같은 내용을 이야기하는데 '이 사람이 알려주면 자연스레 이해가 잘되네'라고 느끼게 만드는 사람이 있는가 하면 '뭐가 뭔지 도통 머리에 안 들어오네'라고 혼잣말하게 만드는 사람도 있지 않은가? 한편 열심히 설명하고 있는데 상대방은 잘 이해가 안 된다는 표정을 짓거나 혹은 이미 전달되었다고 생각한 내용에 대해 상대가 질문을 하는 바람에 속으로 상처를 입은 경험은 없는가?

내가 '설명'에 대해 생각하기 시작한 것은 중학교 2학년 때 수학 수업을 들으면서였다. 그때 문득 생각했다. '사실은 어렵지 않은 내용인데, 선생님이 일부러 어렵게 설명하고 계시는 건 아닌가?'

내가 다닌 중학교에는 명문고를 지망하는 학생과 출석조차 제대로 하지 않는 학생이 섞여 있었다. 그래서 나는 다음과 같은 궁금증을 가지기도 했다. '수업에 오지 않는 친구들도 수학 수업 내용을 이해할 수 있도록 하려면 어떻게 해야 할까?' 이와 같은 궁금증을 갖기 시작한 이후 나는 약 20년이 넘도록 '이해하기 쉬운 설명은 어떤 것인가?'라는 주제를 생각해왔다.

나는 대학을 졸업하고 후지필름, 사이버에이전트, 리쿠르트 등 세 곳의 회사를 경험한 후 독립했다. 지금은 책을 집필하거나 인터넷에 글을 연재하며 내 생각을 어떻게 설명하면 좋을지, 그리고 상대방을 움직이려면 어떻게 해야 할지 등에 대한 노하우를 전달하고 있다. 또 후지텔레비전의 정보 프로그램인 〈도쿠다네!(とくダネ!: 특종이라는 뜻 – 옮긴이)〉에 해설가로 출연해 시사문제를 알기 쉽게 설명하는 역할을 하고 있기도 하다.

이처럼 오랫동안 '설명'에 대해 고민한 결과 깨달은 것이 있다. 바로 설명이란 센스가 아니라 과학이라는 사실이다.

설명 능력을 키워야 한다고 하면 "이야기를 잘하고 못하고는 타고난 센스에 달렸다니까"라며 금방 포기하는 사람이 있다. 사실 방송에서 쉽고 분명하게 설명할 줄 아는 사람을 보면 누구나 '이 사람은 참 말을 알아듣기 쉽게 잘하는군' 하고 생각할 것이다. 하지만 그 출연자가 센스가 좋아서 설명을 잘한다고 생각하지는 말자.

설명은 과학이다. 이해하기 어려운 설명에는 반드시 이유가 있고, 알기 쉬운 설명을 만드는 데에는 '공식'이 존재한다. 그리고 그것을 익히면 누구나 알기 쉽게 설명할 수 있다. 이는 커뮤니케이션에 능력이 없다고 느끼는 사람에게도 해당되는 이야기다. 성격이 밝아야 설명을 잘하는 것은 절대 아니다. 목소리의 크기나 태도도 무관하다. 우선은 '나는 설명을 잘 못해'라는 생각을 버리는 것부터 시작하자.

Part 1

당신이 설명을
잘 못하는 데는
사소한 이유가 있다

*

개발 담당자가 아무리 열심히
고기능 상품이나 편리한 서비스를 만들고
최선을 다해 원가를 낮춰도
상품을 사야 하는 고객에게 정보가
전달되지 않으면 팔리지 않는 법이다.

첫 15초가 중요하다
: 지금 당신에게 필요한 것은 '속도'

한 IT 대기업에서 프레젠테이션에 대한 연수를 부탁해
왔다. 대기업의 사장과 임원을 대상으로 프레젠테이션을
하는 상황에서는 어떻게 '첫 1분' 동안 흥미를 유발할 수
있는지 알려줬으면 좋겠다고 했다.

요즘 시대에 중요한 자리에 앉아 있는 사람은 누구나 바
쁘고 시간이 없다. 그런 사람들에게 "오늘은 날씨가 좋네
요"라는 식의 잡담을 한다면 그들은 분명히 자리를 뜰 것
이다. 청중은 첫 15초 동안에 흥미를 느껴야 다음의 5분 동안
이어지는 이야기도 듣는다. 그리고 5분 동안 들은 이야기가 설
득력이 있다고 느껴야 이어서 검토라는 다음 단계에 들어간다.

시장 환경의 변화가 심하고 계속해서 새로운 사업이 생겨나는 현대에는 프레젠테이션이나 영업뿐만 아니라, 다양한 일의 모든 부문에서 빠른 속도가 요구된다. 단, 그저 '짧게' 전달하는 것이 다는 아니다. '알기 쉽게' 전달하는 일을 잊어서는 안 된다. '알기 쉽게' 전달하는 것이란, 자신이 설명하고자 하는 바를 상대방에게 '빠르고 원활하게' 이해시키는 일이기도 하다.

그렇다면 '알기 쉬운' 것은 무엇일까? 알기 쉽다고 일컬어지는 것에는 세 가지 요소가 있다. 즉 어떤 이야기에 대한 평가로 '알기 쉬웠다' 또는 '이해하기가 어려웠다'라고 한마디로 표현한다고 해도, 사실 이 '알기 쉽다'라는 말에는 세 가지 의미가 있는 것이다. 그 세 요소는 다음과 같다.

1. 자신과 어떻게 관계되는지 알기 쉽다.
2. 이야기가 정리되어 있어 알기 쉽다.
3. 쉬운 말로 표현되어 알기 쉽다.

2와 3에 대해서는 쉽게 이해할 수 있을 것이다. 비즈니스를 하는 자리에서는 장황하게 이야기할 수 없다. 특히 중요한 상황일수록 단시간에 내용을 전달해야 한다. 그리고 사용하는 단어에도 신경을 써야 한다. 아무리 이야기가 정리되어 있어도 난해한 단어나 전문용어가 많이 나열되면 이해 속도가 확연히 떨어지기 때문이다.

✳

일반적으로는 이야기가 정리되어 있고 쉬운 단어를 사용하면 내용을 이해하기 쉽다. 하지만 이 책에서 말하는 '알기 쉽다'의 의미는 그것만 뜻하지는 않는다. '이야기를 이해시킨다'라는 것과 '이야기를 듣게 한다'라는 것은 또 다른 문제다. 그래서 앞에서 언급한 세 가지 중 첫 번째, 즉 '자신과 어떻게 관계되는지 알기 쉽다'라는 요소가 필요하다.

사람은 자신이 흥미 있어 하는 이야기만 듣는다. 인간관계상 들어주는 척할 수도 있긴 하지만 그런 경우에는 이야기를 금방 잊어버린다. 물론 잡담이라면 잊어버려도 상관없겠지만 비즈니스에 대한 이야기를 잊어버리는 것은 문제가 된다. 비즈니스에 대한 것을 금방 잊어버린다면, 이야기가 전혀 전달되지 않은 것과 다름없다.

그저 이야기를 '듣게 하는' 것이 아니라 '몸을 앞으로 내밀고 듣게 해야' 한다. 사람이 몸을 앞으로 내밀고 이야기를 듣는 것은 '그 이야기가 자신과 관계있어서'다. 특히 비즈니스에서는 자신의 일과 관계있는 것만 듣는다. 나아가 '도움이 되는 이야기(불리해지는 요소를 피하는 이야기)'를 듣고 싶어 한다. 첫 15초 동안에 '아, 이건 나한테 도움이 되는 이야기구나'라는 느낌을 주지 못하면 설명에 성공했다고 할 수 없다.

이 책에서 목표로 하는 '알기 쉬운 설명'은 다음 두 가지를 실현하는 것이다. '전하고자 하는 내용을 가장 짧은 시간 동안에 상대방에게 전달하기', 그리고 '자신의 이야기에 상대방을 끌어들이기'다.

설명하는 힘을 갖추면 여러모로 유리하다. 영업 미팅, 프레젠테이션, 광고, 언론 홍보, 회의 석상에서의 발언, 부하 직원 지도 등의 업무가 좀 더 수월해진다. 뿐만 아니라 계약서와 사내 문서, 취급 설명서, 통상적인 비즈니스 메일 등을 쓸 때 필요한 비즈니스 문장 소통 능력 또한 단숨에 상승할 것이다.

'어쩌면 나도 길게 늘어지는
설명을 하고 있는지도 몰라.'
: 주절주절 화법으로는 상대의 마음을 사로잡을 수 없다

'알기 쉬운' 설명을 이해하려면 먼저 '알기 어려운' 설명의 예를 살펴보는 것이 좋겠다.

이해하기 어려운 대표적인 설명은 '길게 늘어지는 설명'이다. 무엇을 말하고자 하는지 모르겠고, 왜 그 이야기가 나오는지 이해되지 않으며, 듣고 있으면 마음이 불안해지고 화자가 무엇을 말하고 싶은지 전달되지 않는 설명 말이다.

다음과 같은 상황을 가정해보자. 월말의 바쁜 시간에 30분만 시간을 내달라며 찾아온 번역회사의 영업사원(영업)과 미팅을 시작한 후 이야기를 듣고 있던 담당자(담당)

의 속마음을 괄호 안의 내용을 통해 알아보자.

영업 사무실 근처에 음식점이 많아서 좋네요. 저는 라멘 가게를 찾아다니면서 먹는 걸 좋아하는데, 역 근처의 '마루후쿠라멘' 가게에 가보신 적 있으세요?

담당 아, 가끔 갑니다.(이런 잡담을 하고 있을 시간은 없는데…….)

영업 오늘은 귀사가 공업용 기계를 수출하시는 건과 관련해 우선 업계 조사를 해봤습니다. 최근의 업계 동향으로 말씀드리면…….

담당 아…… 네.(그런 건 벌써 다 아는 이야기다.)

이때부터 슬슬 초조해지는 마음에 본론에 빨리 들어가기를 담당자가 재촉하자 영업사원은 비로소 겨우 비즈니스에 관한 이야기를 시작한다.

영업 지금까지 저희 회사의 번역 서비스는 창구 직원이 근무하지 않는 시간에는 접수를 받지 못해서 반나절 이상의 손실이 발생했습니다. 그래서 반년 전부터는 온라인 발주

시스템을 구축했습니다. 그 시스템은……

담당 하아……(뭔가 이야기가 어려워지네.)

영업 이 화면을 봐주십시오. 이 양식에 번역하고 싶은 문장을 넣고 견적 희망 버튼을 눌러주시면……

담당 ……(지금 꼭 이런 순서 설명을 해야 하나?)

영업 온라인으로 언제든 발주할 수 있으니 납기 기한이 단축됩니다.

담당 아, 그렇겠군요.(그 말을 하려던 거였어? 그럼 납기 기한이 대체 얼마나 단축되는데?)

영업 그런데 귀사에서는 주로 어떤 안건으로 번역 서비스를 이용하시나요?

담당 글쎄요……(어? 납기 이야기는 벌써 끝난 거야?)

영업 왜 여쭤보냐면 저희 회사는 많은 번역사와 계약을 하고 있어서 특수한 언어에도 대응이 가능하기 때문입니다. 물론 우즈베키스탄어나 사모아어 같은 건 어렵지만요(웃음). 귀사의 수출처인 아시아권이라면 충분히 대응이 가능합니다.

담당 그렇군요(표면적인 웃음).(우즈베키스탄어 이야기는 왜 꺼내나?)

영업 귀사는 기술 번역도 필요한 경우가 있을 듯한데, 그런 안건도 상담해주시면 고맙겠습니다.

담당 알겠습니다.(번역의 질이 궁금하지만 질문할 시간은 없을 것 같군.)

영업 견적에 관해 궁금하신 점은 온라인상에 올려주시면 신속하게 답변 드리겠습니다. 귀사의 필요에 맞는 서비스를 제공할 수 있으니 잘 검토해주십시오.

담당 잘 알겠습니다. 앞으로도 잘 부탁드립니다.(시간만 낭비했네.)

위의 영업사원은 잡담으로 이야기를 시작해서 업계를 분석하고 상대방에게 필요한 사항을 알아보며 자사의 서비스를 판매한다. 정해진 영업 상담 방식인지도 모르겠으나 상품의 '장점'에 대한 설명이 길게 늘어지는 바람에 요점은 보이지 않는다. 듣는 사람과 어떤 관계가 있는 내용인지 알기 어렵고, 이야기가 정리되어 있지 않으며, 사용하는 단어 또한 쉽게 풀어져 있지 않다. 이런 설명을 듣고 있으면 어느 순간부터는 무슨 이야기를 하고자 하는 것인지도 모르게 된다.

주절주절 화법으로는
상대방의 마음을 사로잡을 수 없다!

*

'어쩌면 나도 저런 식의 설명을 하고 있는지 몰라' 하며 가슴이 철렁해진 사람도 있을 것이다. 하지만 '핵심 없는 설명'을 벗어날 수 있는 방법은 아마 모르고 있을 것이다. 이때 바로 이 책의 방법들이 도움이 될 것이다.

Part 2에서는 이야기를 알기 쉽게 정리하는 '텐프렙의 법칙'을 소개할 것이다. 특히 101쪽부터 이어지는 내용을 읽고 나면 '머리에 안 들어오는' 화법을 바꿀 수 있을 것이니 기대하시길 바란다.

.

03

정리되지 않은 이야기는 혼란을 초래한다
: 그 설명은 왜 이해하기 어려운가?

의식적으로 관찰해보면 이해하기 어려운 설명은 일상
생활의 곳곳에서 발견할 수 있다.

다음 페이지의 그림은 한 패밀리레스토랑의 메뉴판에
있는 이미지다. 햄버그스테이크에 대한 설명이 제시되어
있는데, '밥 1600원(리필 무료+500원)'이라는 부분이 잘
이해되지 않을 것이다. 과연 밥 리필은 무료라는 말일까,
아니면 500원이라는 말일까?

손님이 붐비는 점심이나 저녁 시간에 직원이 이에 대한
질문을 몇 번씩 받는다면 확실히 시간이 낭비되고, 가게
운영에도 지장이 생길 수밖에 없다. 직원에게 질문하기가

스몰 햄버그스테이크
120g 7200원

밥 1600원(리필 무료 + 500원)
＊ 단, 리필을 하고 밥을 남긴 분께는 2000원을 받습니다.

귀찮아서 다른 메뉴를 고려하는 손님도 있을 수 있다. 나아가 '고객에게 불친절한 가게'라는 나쁜 인상을 줄지도 모를 일이다.

여기서 문제가 되는 것은 '무료'와 '+500원'이라는 표현의 모순이다. 예를 들어 '+500원으로 몇 번이든 리필 가능'이라고 적으면 오해는 생기지 않을 것이다. 이것이 바로 '정리되지 않은 이야기' 때문에 이해에 어려움을 불러온 예다. 메뉴 작성자가 고객의 입장에 서서 '어떤 식으로 표현하면 이해하기 쉬울까'를 생각하지 않은 탓에 확실히 손실이 생기는 것이다.

'정리되지 않은 이야기'의 또 다른 예를 보자. 다음 그림은 슈퍼마켓에 설치된 음료수 자동판매기에 붙어 있던 메모다. 3초 동안 이 그림 속 문장을 읽고 어떤 내용인지 설명할 수 있겠는가?

'이 자판기에서 이용하시면 고장의 원인이 되므로'라고 적혀 있는데, 주어가 없어서 '뭐가?' 하고 의문을 가진 사람이 많지 않을까 싶다. 주의 깊게 읽지 않은 사람은 사진

속의 전용 물병을 사용하면 고장이 난다는 말로 착각할 수도 있다.

　말하고자 하는 내용의 순서를 정리하고 부족한 표현을 가미해보자. '이 자판기를 사용할 때는 다음의 전용 물병을 사용해주십시오. 그 이외의 통을 이용하면 고장의 원인이 됩니다' 라고 쓰면 훨씬 이해하기 쉬운 문장이 될 것이다.

단어를 나열하기만 해서는
아무것도 전달하지 못한다
: 열심히 설명해도 아무 관심을 끌지 못하는 이유

다음 그림은 무선통신을 하기 위해 블루투스(Bluetooth)
라는 규격을 내 기기에 설정하려고 했을 때 뜬 창이다.

우선 '페어링'의 의미를 모르겠다. 'ABCDE15로'라는 말 역시 아무도 이해를 못하지 않을까? PC나 IT 관련 기기를 다루다 보면 이렇게 '알기 쉬운 표현'을 전혀 고려하지 않은 창이 자주 등장한다.

다음은 더 심한 예다. 회원제로 이용하던 동영상 발신 서비스를 해약하려고 했더니 갑자기 아래와 같이 영어로 된 창이 뜬다.

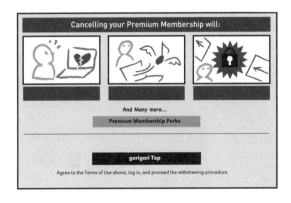

이러면 번거로워서 해약을 포기하는 사람도 적지 않을 듯하다. 일부러 이해하기 어렵게 만든 것이 아닐까 의심스러울 정도다.

다음에 볼 예는 한 인터넷 서비스 회사의 사이트에 나

온 'Wi-Fi 스폿 부가 LTE의 SIM'에 대한 광고다. 여기에 나오는 용어를 잘 모르는 분도 많을 텐데, SIM(심)이란 휴대전화나 스마트폰의 통신에 필요한 IC 카드를 말한다. '기동전사 건담'에 빗대어 말하자면 휴대전화나 스마트폰의 하드가 건담이고, SIM은 건담을 운전하는 아무로에 해당한다. 같은 건담이라도 운전하는 사람이 샤아로 바뀌면 강해지듯이 성능이 높은 SIM으로 바꾸면 휴대전화나 스마트폰을 더 저렴하면서도 편하게 이용할 수 있다(건담을 잘 모르는 분들께는 죄송하다).

이 광고가 IT나 통신에 대해 어느 정도 지식을 가진 사람이 드나드는 사이트에 게재되었다면 그리 문제될 것은

없다. 하지만 이 사이트는 IT에 대한 지식이 많지 않은 일반 사용자를 대상으로 한 회사의 것이었다. 사용자에게 친근감을 유발하기 위해 젊은 여성 모델이 SIM을 들고 있는 사진을 사용했는데, '설명'이라는 관점에서 보자면 아무런 기능을 못하고 있다. 여성이 SIM을 휴대전화에 꽂고 있는 포즈라도 취했더라면 더 낫지 않았을까?

게다가 여기서는 '8800원/월'이라고 내세우며 가격을 가장 강조하고 있는데, 다음 사항을 이해하지 못하면 8800원이라는 가격이 저렴한지 그 여부를 판단하기도 어렵다.

- SIM이란 무엇인가?
- 이 SIM으로 바꾸면 어떤 이점이 있는가?

광고는 그야말로 찰나에 상대방의 마음을 사로잡아야 한다. 그런데 '쉽지 않은 단어 표현'을 쓴 데다 '자신과 무슨 관련이 있는지 명확하게 드러내지 못한' 광고로는 관심을 끌기 힘들 것이다. 대개 상품이 안 팔리면 품질이나 가격을 탓하는 경우가 많은데, 이처럼 이해하기 어려운 광고가 판매 부진의 원인인 경우도 적지 않다.

개발 담당자가 아무리 열심히 고기능 상품이나 편리한 서비스를 만들고 최선을 다해 원가를 낮춰도 **상품을 사야 하는 고객에게 정보가 전달되지 않으면 팔리지 않는 법이다.**

유머 감각보다 중요한 것은 따로 있다

: 이해하기 쉬운 설명의 세 가지 조건

화법에 대한 책을 읽으면 '말 잘하는 사람에게는 유머 감각이 필수', '어디서 쉬어줘야 할지 유념하고 목소리 톤에 신경을 쓰라'와 같은 조언이 눈에 띈다. 하지만 잘 생각해보자. 비즈니스 현장에서 유머 감각이 반드시 필요한 요소일까?

물론 프레젠테이션을 하는 자리에서는 조금 도움이 될지 모른다. 하지만 유머 감각이 없다고 해서 상대방이 이야기를 들어주지 않는 것도 아니고, 재미있게 이야기하거나 목소리를 드높인 영업사원의 실적이 반드시 좋다는 법도 없다. 그런 것보다도 중요한 것은 이야기의 내용, 본질을 어떻게 전할지에 대한 생각이다. "저는 재미있는 이야기를 잘 못해요"라며 고민하고 있다면, 그 고민은 전달하고자 하는 내용을 확실히 한 다음에 해도 된다.

앞에서 나는 '이해하기 쉬운 설명'에는 세 가지 요소가 있다고 말했다(17쪽 참고). 이를 바탕으로 생각하면 무엇을 해야 할지는 명확해진다.

1. 상대방에게 '내 일'이라 생각하게 만들기
2. 자신이 전하고자 하는 내용을 정리하기
3. 그것을 상대방이 알아듣는 말로 쉽게 전달하기

위 세 가지 중에서 제일 먼저 해야 할 것이 '1. 상대방에게 '내 일'이라고 생각하게 만들기'다. 어떤 이야기를 해도 상대방이 귀를 기울이지 않으면 내용이 전달될 수 없다. 애써 논리 정연하게 말해본들 고객은 관심도 없는 영업 이야기를 들어주지 않는다. 상대방이 이야기에 관심을 갖고 귀를 기울이는 것은 그 이야기가 자신에게 필요하기 때문이다. 그 이야기를 듣지 않으면 안 된다고, 듣지 않으면 손해를 본다고, 들어두는 편이 득이라고 생각해서다.

많은 사람이 말을 할 때 자기 위주의 설명에서 벗어나지 못한다. '나는 오늘 이 이야기를 하러 왔다', '내가 말하고 싶은 내용은 이것이니 들어주길 바란다', '오늘은 이 상품을 소개하러 왔으니 잘 들어줬으면 한다'라는 식으로 말이다.

물론 자기 위주로 설명하는 마음이야 이해하지만 그 설명은 어디까지나 '당신의 사정'과 관계있을 뿐, 상대방과는 무관한 것이다. 입장을 바꿔서 생각해보면 쉽게 이해할 수 있다. 거리에서 가두연설이나 서명 활동을 하는 사람들을 예로 들어보자. 그들은 각자 본인이 중요하게 생각하는 주제에 대해 실제로 중요한 이야기를 한다. 하지만 대부분의 사람들은 걸음을 멈추기는커녕 걸어가면서 들어주는 행동도 하지 않는다.

어째서일까? 많은 사람들이 '내 일이 아니다'라고 느끼기 때문이다. 아무리 목청을 드높여도, 아무리 이야기의 클라이맥스를 잘 만들어도 소용이 없다. 사람은 '자신과 관련 있는 이야기'에만 관심을 갖는다.

그러니 상대방이 이야기에 귀를 기울여주었다면 일단 첫 단계는 통과한 셈이다. 하지만 그것으로 끝은 아니다. 처음에 관심을 유발했다고 하더라도 이 단계는 '아직 잘 모르겠지만 왠지 필요한 내용 같으니 들어보지'라는 수준에 지나지 않는다. 무슨 일이 있어도 기필코 들어야겠다고 생각하는 상황은 아닌 것이다. 그래서 상대방의 이야기가 이해하기 어려워지면 금세 귀를 닫는다. 흥미를 갖게한 내용을 이해하기 쉽게 전달해야 할 필요가 여기에 있다. 이때 필요한 것이 바로 앞에서 언급한 2와 3이다.

2. 자신이 전하고자 하는 내용을 정리하기
3. 그것을 상대방이 알아듣는 말로 쉽게 전달하기

이어질 Part 2부터 Part 4까지는 각각 '상대방에게 내 일이라고 생각하게 만들기', '자신이 전하고자 하는 내용을 정리하기', '그것을 상대방이 알아듣는 말로 쉽게 전달하기'를 어떻게 실천할 것인지에 대해 구체적으로 살펴보기로 하자.

자신의 업무 중 남에게 설명하기 까다로운 것을 한 가지 골라 최대한
'알기 쉽게' 적어보자.

Part 2

사람들은 자기와
관련 있는 것에만
관심을 보인다

*

'아무리 해도 한 문장으로 집약할 수 없다',
'사전 설명이나 보충 정보를 추가하게 된다'라고
하는 분에게는 '15초의 법칙'을 권장한다.
'15초밖에 없다면 무엇을 전달할 것인가?' 하고
스스로에게 물어보는 방법이다.

상대방에게 가장 절실한 부분을 포착하라

: 상대를 반드시 설득하는 '마법의 말'

내가 사이버에이전트라는 회사에서 일하던 시절의 이야기다. 입사 후 처음으로 배치된 곳은 광고영업부였다. 인터넷 업계에 들어선 것도 처음이고 영업도 처음이었다. 몸으로 부딪히며·어떻게든 시작해야만 하는 상황에서 내가 찾으려 한 것은 '이렇게 하면 잘 팔린다'라는 '정답'이었다. 그래서 필사적으로 비즈니스 서적을 탐독하고 '이런 마법의 표현을 사용하면 상대방이 넘어온다', '상대방에게 몇 번이고 의문점을 확인하다 보면 신뢰가 싹튼다'와 같은 표면적인 기술만 따라 했다.

하지만 뿌리가 없는데 가지와 이파리 부분만 배운다고

해서 잘될 리가 없었다. 상대 기업에서 무엇을 원하는지는 전혀 생각하지 않고 자사의 광고 메뉴만 설명하고 몇 번씩 "궁금한 점은 없으신가요?"라고 물으니 성과가 나올 리가 없었다. 결국 '마법의 말'에 의존하던 때는 영업 실적도 참담할 뿐이었다.

그러던 어느 날 처음으로 성과를 느끼게 됐다. 한 인재 파견회사에서 수주를 따냈을 때였다. 소규모에 광고 예산도 적었던 그 회사에서는 "하고 싶은 것은 많지만 자금이 없다"라는 말을 했다. 그래서 나는 영업사원으로서가 아닌 "자, 무엇을 하면 될지 같이 생각해볼까요?"라는 말과 어울리는 자세로 임했다. 그 회사가 계약을 해주려고 해도 "이 광고는 귀사와는 안 맞는 것 같습니다"라며 사양할 때마저 있었다.

당시에는 무아지경으로 몰두해 '고객을 생각하자' 하고 의식했던 것도 아닌데 훗날 그 회사에서는 내 상사에게 감사의 메일을 보내줬다. "저희 입장에서 생각해주신 점 깊이 감사드립니다. 이런 영업 담당자는 처음 만났습니다. 진심으로 감사를 전합니다"라고 쓰여 있었다.

상대방이 절망하고 있는 부분을 해결하는 것, 그 이상의 '마법'은 없다는 사실을 깨달은 순간이었다.

경청하게 만드는 이야기의 비밀
: 상대에게 필요한 이야기와 득이 되는 이야기

나의 이야기를 원활하고 빠르게 이해시키고 설명하는 데는 '포착'이 관건이다. 다만 이것은 코미디언이 어떤 부분을 포착해 재미있고 우스운 이야기를 하는 것과는 다르다. 상대방에게 '이 이야기가 나와 관계있다'라고 느끼게 만드는 것, 그것이 상대의 의식을 사로잡는 '포착'이다.

물론 이것은 상당히 어려운 기술이다. 대부분의 사람들은 "이 이야기는 당신과 관계가 있습니다"라는 식으로 이야기한다. 사내에서 커뮤니케이션을 할 때뿐만 아니라 고객에게 상품을 영업할 때도 '당신과 관계가 있다'를 전제로 이야기한다.

하지만 상대방은 그렇게 생각하지 않는 경우가 꽤 많다. 그래서 대부분의 영업전화를 단번에 거절하고 '영업 담당자의 전화'는 '필요 없는 물건을 팔려는 것'이라고 여긴다.

상대방이 '나와 관계가 있다'고 생각하게 하려면 '상대방이 원하는 이야기'를 하는 수밖에 없다. 상대방이 원하는 이야기란 무엇일까? 두 종류가 있다. **첫째는 '상대방에게 필요한 이야기'이고 나머지 하나는 '상대방에게 득이 되는 이야기'**이다.

사내에서 진행하는 회의를 예로 들어보자. 이때는 물론 회의 참석자인 청자가 자신과 관련이 있다고 느끼는 회의 주제에 대한 이야기를 들을 수 있다. 고객 대응에 대한 회의라면 고객 서비스 개선 방법이나 타사가 실제로 실시한 것 중 좋은 평을 받은 사례, 혹은 클레임을 받은 안건 등에 관한 내용이 오간다.

이 내용들은 회의 참가자에게 '득'이 되기 때문에 공유되는 것이 아니다. 그럼에도 회의 참석자는 진지하게 듣는다. 즉 '상대방에게 필요한 이야기'를 하면 상대방은 귀를 기울인다. 일상적인 사내 회의 등에서는 어떤 이야기가 요구되는지만 정확히 파악하고 있으면 문제없다.

하지만 영업 미팅이나 기획 프레젠테이션, 홍보 등 상대방에게 제안하는 것이 목적인 경우에는 한발 더 나아가 '상대방에게 득이 되는 이야기'를 해야만 한다. 가령 고객에게 자사의 신상품을 판매한다고 생각했을 때 무엇을 전달해야 할까?

반대로 생각해보자. 자신이 타사의 영업 담당으로부터 이야기를 듣는다면 어떤 내용에 귀가 솔깃해질까? 자신에게 득이 되지 않는다면 들을 마음이 생기지 않을 것이다. 예컨대 발로 뛰는 영업사원이 "저희 회사에는 숭고한 이념이 있습니다. 설립 배경과 그 이념을 꼭 한번 들어봐주십시오"라고 아무리 간청해도 듣는 사람은 "아뇨, 그런 이야기에는 관심이 없어서"라며 돌려보낼 것이다. 자신에게 득이 될 것이 없다는 말이다. 아무리 잘 정리되고 또 쉬운 말로 이해를 높인 이야기라도 관심을 끌지 못하면 무용지물이다.

여기서 다시 한번 묻겠다. 여러분이 설명하고자 하는

이야기는 '상대방에게 필요한 이야기'인가? 혹은 '상대방에게 득이 되는 이야기'인가?

08

누구에게 설명할 것인지를 명확히 하라
: 포착 기술 1. 상대방의 상황(듣는 자세)까지 고려하라

'상대방에게 필요한 이야기'나 '상대방에게 득이 되는 이야기'를 한다는 목표가 정해졌다면 구체적으로 어떻게 하면 될지 생각해보자. 구체적으로 이야기의 내용을 정리하려고 서두르기 전에 중요한 준비가 필요하다. 바로 '누구에게 전달할 것인가'를 명확히 하는 일이다. 이것이 불명확하면 단시간에 핵심을 전달하기는커녕 전달하고자 하는 내용을 정리할 수도 없다.

'이야기가 정리되어 있지 않다', '뭘 말하고자 하는지 모르겠다'라는 식의 평가를 받는다면 아마 사전에 '누구에게 전달할 것인가'를 명확히 하지 않은 탓일 것이다. 이를 정하지 않으면 스스로도 무엇을 말하고 싶었는지 헷갈리게 된다.

내가 보기에 이 사전 정리를 가볍게 보는 사람이 꽤 많다. '누구에게 전달할 것인가'를 애당초 명확히 알고 있으니 굳이 확인할 필요는 없다고 여기기도 한다. 물론 "누구에게 전달할 건지?"라고 물으면 "○○ 씨"라고 답할 수 있다. 하지만 전달하는 대상으로 생각해야 하는 것은 그뿐만이 아니다.

'누구에게'란 '상대방의 상태(듣는 자세)'를 포함한다. 즉 그 상대가 어떤 자세와 상태로 이야기를 들어주는지를 포함해서 고려해야 한다. 같은 인물이라 하더라도 관심의 정도, 이야기에 할애할 수 있는 시간, 바쁜 정도에 따라 '듣는 자세'가 달라진다. 그다지 들을 생각이 없거나 시간을 낼 수가 없는 상대방을 붙잡고 두꺼운 자료를 내밀며 긴 이야기를 해봐야 들어주지 않는다.

5분 후에 회사를 나서야 하는 상사에게 "A 고객사의 문제 건으로 긴히 상의드릴 게 있습니다"라고 하면 어떻게 될까? 상사는 틀림없이 "지금은 바쁘니 나중에 듣지"라는 식으로 답할 것이다. 반대로 여러분의 이야기를 충실히 들을 자세가 된 상대방에게 오히려 "그럼 대략적인 개요만 전달하겠습니다"라고 하면 그는 화를 내지 않을까?

단지 상대방이 누구인지를 정했다고 끝이 아니다. 상대방의 '듣는 자세'도 포함해서 '누구에게 전달하려고 하는지'를 생각해야만 한다. 가령 '앞으로 5분이면 회사를 나서야 하는 상사'의 허락이 반드시 필요한 상황이라면 "오늘 중으로 대응하지 않으면 반품될 위험이 있습니다. 앞으로 1분 이내에 개요를 말씀드리고 나머지는 휴대전화 메시지로 상세히 전해드릴 테니 16시까지 회신 부탁드립니다"라는 식으로 설명의 순서 및 전달 방법을 고려해야 한다.

'○○부장님께 전달', '상대방은 거래처의 ○○ 씨'와 같이 생각하고 전달하는 상대방의 얼굴을 떠올렸다 하더라도 그것만으로는 충분하지 않다. 그 상대방이 여러분의 이야기를 어떤 자세로 기다리고 있는지도 포함해서 생각하자. 그래야 비로소 '누구에게'가 명확해졌다고 할 수 있다.

상대방의 상태에 맞춰
설명의 순서와 전달 방법을 고민하라

우선 결론 한 문장을 정하라
: 포착 기술 2. 무엇을 전달할지 정보를 집약하는 것이 필요하다

이야기를 전달할 상대방을 '자세'도 포함해 파악했다면 '무엇을 전달할 것인가'를 명확히 해야 한다. '무엇을 전달할 것인가'를 잘 알고 있다고 여기는 사람이 많다. 하지만 실상은 그렇지가 않다. "이제부터 무슨 이야기를 전달할 생각인가요?"라고 질문해보면 "신상품에 대해 이야기할 겁니다", "시장 변화에 대해 전달하려고요"와 같은 답변이 돌아온다. 이런 답변은 많은 사람이 명확하다고 생각하지만 이것 역시 충분하지 않다.

'신상품에 대해'라고 하지만 신상품의 무엇을 전달한다는 말인가? 가격? 디자인? 아니면 기능 개선에 대한 것?

명확하지 않다. 그리고 애당초 '…에 대해'라는 표현은 매우 애매한 의미를 지닌다. 영어로는 'about'인데 about은 '…의 주변에', '…의 언저리에'라는 뜻을 지녀 명확하지 않은 것을 말한다.

'신상품에 대해 이야기한다'라는 것 정도는 누구나 생각할 수 있다. 반면 구체적인 내용은 실상 명확하지 않은 경우가 많다. 이 상태에서 이야기를 시작하면 점점 무엇을 말하고자 하는지 알 수 없다. 무엇을 말하고자 하는지 불분명한 이야기로 과연 상대방의 관심을 끌어낼 수 있을까?

그렇다면 어떻게 하면 좋을까? 우선 '결론 한 문장'을 정하자. '무엇을 전달할지 정하기'는 딱 한 마디만 할 수 있다면 무엇을 말할지를 정하는 일이다. 사전 설명이나 상대방을 설득하기 위한 데이터, 보충 자료를 모두 버리고 '한 문장'만 전달할 수 있다면 무엇을 이야기할 것인가? 그것을 정하라는 말이다. 고객에게 "이 상품을 사주세요"라고 할지, 상사에게 "예산 초과를 허락해주십시오" 혹은 "이 일을 어떻게 진행하면 될지 조언해주십시오"라고 할지 등을 정하는 것이다. 이 '한 문장'을 정한 후 이야기를 시작해야 한다. 이것이 매우 중요하다. 그러지 않으면 결국 주변 정보만 이야기하고 핵심은 전달하지 못한 채 끝날지도 모른다. 자신이 하고 싶은 말을 가장 짧은 시간 내에 전달하려면 '정보'의 집약이 필요하다.

✳

이제 여러분이 전달하고 싶은 결론 한 문장을 머릿속에 떠올려보자.

'무엇을 전달할 것인가'를 생각하는 단계에서 어려움을 느끼는 분도 있을지 모른다. 그런데 자신의 의견을 정리하지 못한다고, 알기 쉽게 전달하지 못한다고 느끼는 사람의 이야기를 들어보면 '전달 요소를 취사선택하지 못하는' 경우가 많다.

'자신의 의견은 A인데, 경우에 따라서는 B가 되기도 하고 C인 경우도 있는' 등 보충 정보를 너무 많이 나열하여 자신이 어떤 입장인지 밝히지 못한 채 점점 미궁에 빠지는 사람이 있다. 그런가 하면 반론을 우려해 미리 공격이 들어올 만한 포인트를 나열하고 "이 점은 이런 이유에서 다릅니다"라고 먼저 치고 나가는 사람도 있다. 어떤 유형

이든 이것저것 이야기하다 보면 결국 무엇을 말하려는지 알 수 없게 된다.

이처럼 '아무리 해도 한 문장으로 집약할 수 없다', '사전 설명이나 보충 정보를 추가하게 된다'라고 하는 분에게는 '15초의 법칙'을 권장한다. 즉 '15초밖에 없다면 무엇을 전달할 것인가?' 하고 스스로에게 물어보는 방법이다.

가령 전철 문이 닫히려 할 때 플랫폼에서 배웅해준 상대방에게 많은 이야기를 할 수는 없다. 이럴 때 상대방에게 무슨 말을 전달할까? 혹은 텔레비전의 인기 프로그램에서 15초 동안 전국에 홍보할 기회가 있으면 무슨 이야기를 하겠는가?

분명 '가장 전달하고 싶은 이야기'만이 입에서 나올 것이다. 우선은 그것을 전달하는 데에 집중하자. 반론에 대응하기 위한 정보를 추가하거나 오해를 방지하기 위한 보충은 이후에 할 일이다.

그렇다면 다시 한번 물어보겠다. 여러분이 가장 전달하고 싶은 내용을 한 문장으로 표현한다면 무엇인가?

전달하고 싶은 이야기를
한 문장으로 표현하라!

'무엇을 전달할 것인지' 한 문장으로 요약하는 연습
└ : 예산 조정이 필요하다는 이야기를 전달할 때

팸플릿 제작 발주를 해주셔서 감사합니다.

그런데 부장님이 납기를 9월 25일로 앞당겨줄 수 있는지 문의하셨는데, 조금 힘든 부분이 있습니다. 아직 두 달 정도 남았다고 생각하실지 모르지만 8월에는 하계 휴가도 있고. 물론 휴가를 반납하고 해볼까도 생각했지만 그래도 일정을 맞출 수 있을지 의문입니다.

임시로 파트타임 근무자를 고용하면 어떨까 싶은데 그러려면 추가 예산이 필요할 것 같아서요…….

Point

• 상대방에게 부탁을 할 때는
사전에 설명이 길어지기 십상이다.

• 이 경우 납기 기한을 연장해주길 바라는지
예산을 늘려주길 바라는지 알기 힘들어진다.

일전에 의뢰하신 팸플릿 제작에 관한 건입니다. **50만 원 정도 예산 증액을 검토해주셨으면 합니다.**
부장님이 9월 25일 행사에서 배포하고 싶다고 하셨습니다. 원래는 예정대로 10월 말에 납품할 생각으로 직원을 확보했습니다만, 납기를 한 달 이상 앞당기려면 직원을 추가해야 하는 상황입니다.

Point

- '가장 전달하고 싶은 것은 무엇인가?'를 결정하면
  알기 쉬운 설명이 된다.
- '가장 전달하고 싶은 것'을 처음에 이야기하면
  이어지는 설명도 이해하기 쉬워진다.

상대방의 문제를 해결해주는
강력한 첫 한마디

: 포착 기술 3, '상대방 중심'으로 바꿔라

설명할 때는 '상대방이 원하는 이야기'를 해야 한다는 것은 앞에서 이미 이야기했다. 특히 고객에게 제안을 하는 경우, 그 이야기를 듣는 것 자체의 필요성을 느끼지 못하면 고객은 미팅 시간조차 내주지 않을 것이다. 사실 상대방이 원하는 이야기를 하기란 꽤나 어려운 일이다. 많은 사람이 '상대방에게 득이 되는 것을 생각하자'라고 하면서도 실상은 자신에 대해서만 생각한다. 그것이 상대방에게 전달되니 포착이 쉽지 않을 수밖에 없다.

정말로 상대방의 입장에 서려면 강제로 자신의 의식을 바꿔야만 한다. 이때는 표현을 바꾸면 효과적이다. 다음 문장을 첫 한마디로 설정하고 이어서 말할 내용을 생각해보자.

"오늘은 당신이 그토록 바라던 ○○를 실현해줄 이야기를 하도록 하겠습니다."

이것은 상대방을 생각하는 것처럼 보이기 위한 '마법의 말'과는 다르다. 생각 자체를 '상대방 중심'으로 바꾸는 문장이다. '당신이 그토록 바라던 ○○를 실현해줄 이야기'라고 선언한 이상, ○○에는 상대방이 매우 바라는 내용이 들어갈 것이다.

일전에 한 기업에서 간부 후보생을 대상으로 프레젠테이션 연수를 진행했다. 통상적인 프레젠테이션에서는 우선 고객처의 업계 동향이나 시장 상황에 대한 이야기를 시작하는 경우가 많다. 그 후에 자사 상품 및 서비스가 얼마나 우수한지 이야기하고, 상품의 성능 및 재료, 이용된 기술, 타사와의 비교 등에 설명 시간을 많이 할애한다. 하지만 "귀사의 동향은……" 하고 이야기해봐야 그러한 내용은 사실 고객이 더 잘 알고 있다. 상대방이 듣고 싶지 않은 내용에 시간과 노력을 쓴들 상대방은 들어주지 않는다.

✳

그렇다면 **첫마디로 무슨 이야기를 하면 좋을까?** 이제 최강의 문장이 등장할 차례다. "오늘은 그토록 바라시던 ○○를 실현하기 위해서 왔습니다!"라고 말하면 된다. 가령 출판사에 책의 프로모션 방법을 제안하는 경우를 생각해보자. 이때 출판업계의 동향부터 이야기를 시작해봐야 상대방은 적극적으로 듣지 않는다. 그렇다면 단번에 "베스트셀러로 만들 방법을 찾았습니다"라고 말하면 어떨까? 훨씬 **임팩트가 있지 않을까? 상대방의 마음을 사로잡는 데 이만큼 효율적인 방법은 없을** 것이다.

"회의에서는 클레임 정보를 공유하고 다들 그토록 바라시던 문제 대응의 효율화를 위한 제안을 하겠습니다."

"오늘은 희망하는 분들이 많았던 소규모 사무실용 저가 레이저 프린터에 대해 말씀 드리겠습니다."

이런 식으로 제안할 수 있을 것이다. 우선은 '상대방의 문제를 해결한다'라는 목적을 명확히 전달해야 한다. 이를 실현하기 위한 것으로 자사 제품의 독자성이나 특별한 장점을 꺼내놓으면 된다.

당신이 고민하는 문제를 해결해준다고 확실하게 전달하라

우선 나눠드린 자료를 봐주십시오. 고객들의 클레임을 정리한 겁니다.

종류별로 분류해 분석해보니, 비슷한 클레임이 많았습니다. 이 리스트를 직원들이 공유하면 클레임 대응도 훨씬 원활해질 것이니 해당되는 팀에서는 가지고 가서서 대응을 검토해주십시오.

Point

- '원활해진다'라는 표현은 애매하다.

- 듣는 사람은 이 이야기의 어떤 부분이 자신과 관계되는지 알기 어려워 흘려들 우려가 있다.

- 대응을 검토해달라고만 하면 결국 무엇을 해달라고 하는지가 전달되지 않는다.

오늘 회의에서는 현안인 문제 대응의 효율화에 대해 제안하겠습니다.

배포한 자료에는 회사 홈페이지에 실린 고객의 클레임을 종류별로 분류해 분석한 내용이 정리돼 있습니다. 지금까지는 개별적으로 대응해왔지만 비슷한 클레임도 많고 하니 팀 내에서 대응 방법을 정해서 공유하는 편이 처리 시간을 단축할 수 있을 듯합니다.

Point

- 문제가 해결될 경우의 장점을 명확히 한다.
- 우선 이야기를 듣는 측의 입장에 선다.
- 듣는 이의 관점에서 참가자가 가진 문제를 해결할 것이라는 목적을 먼저 전달하자.
- 구체적인 행동 계획을 명시한다.

사람들은 자기와 관련 있는 것에만 관심을 보인다

회의실에서는 여고생의 니즈를 알 수 없다

지금까지는 상대방 중심의 이야기가 얼마나 중요한지에 대해 설명했다. 하지만 아무리 상대방의 입장에 서자고 해도 머릿속으로 생각만 해서는 상상의 영역에서 벗어날 수 없다.

설명하는 상대방이 같은 회사의 동료나 상사라면 그들이 평소 어떻게 생각하고 행동하는지 관찰하는 것부터 시작하자. 자주 고객을 방문하는 판매원이나 영업사원이라면 고객의 이야기를 듣는 것이 고객의 요구를 알아내는 방법 중 하나라고 할 수 있다. 이야기를 듣는 것이 어렵다면 고객의 행동 패턴을 흉내 내거나 고객이 자주 가는 곳에 가보고 같은 세계를 공유하는 것으로도 큰 단서를 얻을 수 있다.

나 역시 책을 집필할 때는 가급적 쓰는 대상을 이해하기 위해 그 세계를 '체험'하려고 애쓴다. 가령 도박사가 주인공인 만화의 내용을 짚어가며 세상의 돈이 어떻게 흐르는지에 대해 다루는 책을 쓸 때는 파친코를 드나들며 사람들을 관찰했다. 그때 나는 '살짝 의자를 빼고 다리를 꼰 자세로 담배를 피우면서 하는구나' 혹은 '스포츠 신문 등은 방해가 되니 많이 읽지 않는군' 하고 생각했다. 그 자리에 직접 가서 관찰하기만 해도 파친코에 드나드는 이들의 생각을 피부로 느낄 수가 있었던 것이다.

✳

이전에 한 회사의 상품 기획 회의에 참석했을 때의 일이다. 회의에서는 여고생을 대상으로 한 화장품에 어떤 기능을 내놓으면 좋을지에 대해 논의하고 있었다. 그때 광고대행사 측에서 "여성들의 구매력을 확보하려면 피부 미백이라는 테마가 좋다"라고 제안했다. 실제로 여성이 피부 미백을 상당히 신경 쓴다는 데이터도 있다면서 말이다.

만약 이것이 여성 전반에 대한 이야기라면 납득할 만

했을 것이다. 하지만 대상을 여고생으로 한정한 경우였기 때문에 이야기가 달랐다. 왜냐하면 당시에는 여고생들 사이에서 얼굴을 어둡게 화장하는 스타일이 유행했기 때문이다. 실제로 거리에 나가보면 여고생들은 하나같이 얼굴을 어둡게 칠한 모습을 하고 있었다. 과연 자신의 얼굴을 더 하얗게 보이고 싶다고 생각한 사람이 얼마나 있었을까 싶다. 그래서 나는 그때 회의에서 나도 모르게 "요즘 여고생들은 미백에는 관심도 없는 것 같은데요"라고 말했다. 그러나 "대리점의 자료를 제대로 읽고 논리적으로 말씀하세요"라는 반론만 들었다.

여성이 미백에 신경을 쓴다는 데이터 자체는 옳다고 하더라도 여고생의 실상을 보고 체험하지 않으면 여고생이 원하는 상품을 개발하지는 못한다. 그야말로 백문이 불여일견이 아닐 수 없다. 백 가지 정보가 있어도 한 번의 체험을 당해내지 못하는 경우가 많으니 말이다.

설명하고자 하는 상대는 '누구'인가? 상대방의 상황을 포함해
생각해보자.

당신은 '무엇'을 설명하고 싶은가?
15초 동안에 이야기할 수 있도록 짧게 정리해보자.

당신이 실제로 설명을 한다면 한마디로 뭐라고 할 것인가?
'최강의 문장'을 생각해보자.

Part 3

횡설수설하지 않고
설명 잘하는 비법

*

이해하기 쉽게 설명할 수 있게 되면
상대방의 반응도 확연히 달라진다.
누군가 자신의 이야기를 집중해서 듣고 납득해주는
경험을 통해 자신감도 얻을 수 있다.
그 자신감이야말로 여러분의 설득력을
더 높여줄 것이다.

어떤 이야기든 알기 쉽게
설명하는 공식이 있다

: 텐프렙의 법칙

설명의 '포착'이 가능해졌다면 이제 슬슬 구체적으로 문장을 만들어보자. '알기 쉬운' 설명을 못하면 기껏 포착한 내용도 무용지물이라는 점을 명심하면서 말이다.

지금부터는 전달하는 방법의 '공식'에 대해 설명하고자 한다. 이 공식을 염두에 두면 어떤 경우에도 자신이 전달하고 싶은 내용을 정리해서 말할 수 있다. 바로 내가 제창한 전달 방법의 절대 법칙, '텐프렙의 법칙'(사단법인 교육커뮤니케이션협회 저작권 소유)이다. 이것은 정보를 정리할 때 상대방이 이야기를 이해하기 쉽도록 만드는 '순서'다.

구체적으로는 다음에 나오는 1~6단계에 따라 순차적으

로 설명할 내용을 만들어가면 된다. 이 법칙을 따르면 그 어떤 복잡한 주제라도 알기 쉽게, 간단하게 정리할 수 있다.

1단계: 이야기의 주제(Theme) 전달하기

이야기의 주제를 서두에서 전달한다.

"지금부터 ○○에 대해 이야기하겠습니다."

"○○에 대해 상의하고 싶습니다."

2단계: 하고 싶은 이야기의 수(Number) 전달하기

하고 싶은 이야기가 몇 가지인지를 전달한다.

"오늘 말씀드릴 이야기는 세 가지입니다."

"포인트는 두 가지로 요약됩니다."

3단계: 이야기의 요점, 결론(Point) 전달하기

하고 싶은 이야기의 핵심과 요점을 전달한다.

"결론부터 말하면 ○○입니다."

4단계: 결론이 옳다고 할 수 있는 이유(Reason) 전달하기

"결론부터 말씀드리면 ○○이고, 그 이유는 ××입니다."

5단계: 구체적 예(Example) 들기

'결론'을 보충하기 위한 구체적 예를 제시한다.

"예컨대 이런 경우가 있습니다(그러니 이 결론이 옳습니다)."

6단계: 요점, 결론(Point) 반복해 끝맺기

마지막으로 '요점과 결론'을 반복한다.

"그래서 이번에 전달하려는 내용은 ○○였습니다."

이상이 알기 쉽게 전달하는 공식인 '텐프렙의 법칙'이다. 각 요소(주제, 수, 요점 및 결론, 이유, 구체적 예, 요점 및 결론 반복)를 영어로 표현하고 각 단어의 머리글자(TNPREP)를 일본식으로 읽은 것이 '텐프렙'이라는 이름이다.

이 법칙은 어떤 주제에도 사용할 수 있다. 뿐만 아니라 상대방을 이해시키고 설득하기 위해 필요한 요소가 전부 담겨 있다. 상황을 설명할 때나 일어난 사건을 정리할 때는 이유(④)와 구체적 예(⑤)가 필요하지 않은 경우도 있지만 그때도 생각하는 방식은 같다. 상황을 이해시키기 위해 우선은 자신이 전달하고자 하는 '결론'부터 말하자. 그런 다음에 상황을 상세히 설명하면 된다.

처음 연습할 때는 이 법칙을 옮겨 적은 메모를 옆에 두고 설명 내용을 적어보기를 권한다. 그리고 다른 사람에게 이야기해보자. 처음에는 어색하게 느껴질지 몰라도 몇 번씩 연습하다 보면 자연스럽게 텐프렙의 법칙에 따라 이야기를 진행할 수 있다.

이제부터 각 단계에 대해 상세히 살펴보자.

텐프렙의 법칙

① Theme	**주제**(지금부터 무슨 이야기를 할 것인가?)
② Number	**수**(하고 싶은 이야기가 얼마나 되나?)
③ Point	**요점, 결론**(전달하고 싶은 내용을 한마디로 하면?)
④ Reason	**이유**(어째서 그렇게 말할 수 있는가?)
⑤ Example	**구체적 예**(어떤 사례가 있는가?)
⑥ Point	**요점, 결론**(재확인)

반드시 이야기의
'큰 틀'부터 짚어주고 시작하라
: 이야기의 주제를 전달하기

이야기를 짧고 쉽게 전달하기 위해서는 반드시 '주제(무엇에 대해 이야기할 것인가) 전달하기'에 대해 생각해야 한다. 어떤 일이든 우선은 주제를 전달해야 한다. 사람들은 종종 결론부터 말하라고 요구한다. 하지만 정말 결론부터 이야기하면 뭐가 뭔지 전혀 전달되지 않는다.

텔레비전 뉴스는 모두 '주제'를 가장 먼저 전달한다. 뉴스를 전할 때 아나운서는 "오늘 ○○에서 ×× 사건이 발생했습니다" 혹은 "오늘은 국회에서 ○○ 축제가 개최되었습니다"라는 식으로 무엇에 관한 이야기인지를 먼저 알려준다. 그 후에 상세한 정보에 대해 말하거나 현장을 연결해

중계하며 더 자세한 해설을 시작한다.

'토크의 대가'라고 할 수 있는 개그맨도 동일한 화법을 쓴다. 개그맨들은 카메라에 비치는 일순간에 시청자에게 하고 싶은 말을 전달하는 연습을 한다. 그들의 이야기는 '알기 쉬운 설명'의 보고라고 할 수 있다. 일전에도 버라이어티 프로그램을 보면서 그들의 철저함에 감탄했다. 개그맨들은 이야기를 시작할 때 반드시 "이건 우리 파트너 이야긴데요……"라며 이야기의 '큰 틀'을 먼저 말했다. 이야기하는 내용이 전달되지 않으면 웃음을 유발할 수 없다. 그래서 개그에서는 쉬운 내용 전달이 필수적이다. 쉬운 전달을 위해 개그맨들은 철저히 '주제부터' 이야기한다.

신제품 발표회장에서 수많은 프레젠테이션을 진행한 스티브 잡스도 주제를 먼저 전달하는 것의 중요성을 잘 알고 있었다. 잡스는 프레젠테이션에서 자신이 발표하는 내용을 이해시키기보다는 우선 '무슨 이야기를 하고 있는지'가 상대방의 머리에 쏙 박히도록 말하려 했다.

상대방에게 내용을 이해시키려면 "앞으로 이런 이야기를 하겠습니다"라고 알려주는 역할을 할 '뇌 내 양동이'를 마련해줘야만 한다. 이는 정보를 머릿속에 넣기 위한 '용기(통)'를 말한다. 그것이 없으면 정보는 상대방의 왼쪽 귀에서 오른쪽 귀로 빠져나가 저장되지 못한다.(《스티브 잡스 프레젠테이션의 비밀》 참고)

뇌 내 양동이를 준비시켜주지 않은 상황을 생각해보자. 한 소비재 업체의 영업사원이 갑자기 상사에게 다음과 같은 지시를 받았다. "참가하는 편의점 체인은 네 곳이고 도착일은 20일. 전국 지점에 세 종류를 30세트씩. 매장 입구에 진열할 POP 말이야. MD부에서 리스트 받아둬." 전제도 없이 갑자기 '결론'부터 들은 셈이다.

'주제'를 듣기 전에 갑자기 세세한 이야기를 들으면 '응? 지금 무슨 이야기를 하는 거지?' 혹은 '내가 뭘 하면 되지?'라며 머릿속이 물음표로 가득해진다. 만약 상사가 처음에 "광고 캐릭터를 선물하는 캠페인용 상품 발송에 대한 건데 말이지"라며 주제를 이야기했더라면 단번에 알아들었을 것이다. '주제'를 모르면 이야기를 따라가지 못한다. 상대방의 지시에 집중하기보다 '무슨 소리지?' 하고 생각하게 된다. 이런 상태로는 상대방의 이야기에 집중할 수 없다.

주제부터 이야기하여
상대방의 머릿속에 용기(통)를 마련하라

평소 여러분이 무언가를 전달해야 하는 순간은 대개 '갑자기' 닥친다. 갑자기 상대방에게 찾아가 갑작스레 이야기를 꺼내고 설명을 시작하는 것이다. 이때 바로 "포인트는 ○○입니다"라고 해봐야 상대방은 무슨 말인지 짐작도 못한다. 상대방은 백지 상태로 여러분의 이야기를 듣기 시작하기 때문이다. 처음에 '주제'를 전달하고 이야기의 전체적 그림을 알려주어 듣는 사람이 '머릿속으로 준비'를 하게끔 해야 한다. '앞으로 이런 이야기를 하겠군' 하고 예상하게 만들면 이야기의 전달력이 훨씬 향상된다.

Case Study
주제를 먼저 전달하며 설명해보는 연습
└ : 외국인 관광객에 대한 대응 계획을 지시할 때

×

원내 레스토랑과 모든 매점에 메뉴를 배포해주시겠습니까? 3월 10일까지 부탁드립니다. 영어 메뉴와 중국어 메뉴가 있습니다. 그리고 원내 지도도 있으니 같이 주십시오.

그리고 각 가게에서 한 명씩 리더를 뽑아 3월 20일 연수에 참가하도록 전달해주시길 바랍니다. 관광객이 직접 질문을 하는 경우에 어떻게 대응할지에 대해서는 그날 설명하겠습니다.

Point

- 갑자기 구체적인 대책부터 말하면 상대방이 당황스럽다.
- 여러 가지 사항이 각각 설명되어 있어 머릿속에 잘 들어오지 않는다.

최근 급증하고 있는 외국인 관광객에 대한 대응 말인데요, 원내 레스토랑과 모든 매점에 영어 및 중국어 메뉴와 원내 지도를 준비하기로 했습니다. 3월 10일까지 배포해주십시오.
그리고 3월 20일에 관광객 대응에 관한 연수가 있으니 각 가게에서 리더 한 명씩을 정해 참가하도록 전달해주십시오.

Point

- 주제부터 이야기하면 상대방도 이야기에 집중할 수 있다.
- 무슨 연수인지를 먼저 전달하면 설명이 간결해진다.

상대가 들을 준비가
안 되어 있을 때 해야 할 말
: 확인을 위한 '단계 체크법'

상대방에게 주제를 전달할 때 반드시 알아두어야 할 점이 있다.

프레젠테이션처럼 청중이 주제를 알고 모인 경우에는 굳이 "오늘은 ○○에 대해 프레젠테이션을 하겠습니다"라고 전달할 필요는 없을 수도 있다. 하지만 대개 상대방은 여러분의 이야기를 들을 준비가 안 되어 있을뿐더러, 여러분과 이야기를 나눈다는 합의조차 하지 않은 상태다. 상대방에게는 나름의 상황과 사정이 있다. 다시 말해, 여러분이 이야기하기를 원하는 시간에 상대방은 다른 일을 하려고 했을 수도 있다는 말이다. 그럴 때 불쑥 이야기를 꺼내는 것은 남의 방에 갑자기 뛰어들어 일방적인 연설을 하는 것과 마찬가지다. 상대방은 그 이야기를 듣고 싶지 않을 수도 있고, 나중에 천천히 듣고 싶다고 생각할지도 모른다.

무작정 맨손으로 부딪히는 영업의 경우에는 장벽이 더 높다. 만약 길을 걷는데 갑자기 "어째서 당신은 계속 일 때문에 고민하나요?"라는 질문을 들으면 어떨 것 같은가? 우선은 매우 곤혹스러울 것이다. "내가 왜 그쪽한테 그런 이야기를 들어야 합니까?"라며 화를 낼 수도 있다.

✳

일반적으로 상대방의 휴대전화에 전화를 걸면 먼저 "지금 통화 괜찮으세요?"라고 묻는다. 마찬가지로 상대방의 상황을 먼저 확인한 후 '이 주제는 오늘의 의제로 적합한지'를 확인해야 한다. 내가 '단계 체크법'이라 부르는 이 확인 작업은 추천할 만하다.

예를 들어 상사에게 상의를 하기 전에 "지금 영업 전략에 대한 상의를 좀 해도 될까요?"라는 식으로 '확인'을 하면 상사도 "그래, 이야기해봐" 혹은 "나중에 이야기하지"

라며 대응할 수 있다. 만약 이야기의 방향이 전혀 다르다고 하더라도 "아니, 그건 지금은 관계없으니 다른 이야기를 해봐"라며 수정할 수 있다.

회의에서 발언할 때도 마찬가지다. "지금부터 이번 문제의 배경을 말씀드릴 텐데 주제로 적합한지요?"라는 식으로 참가자의 기대와 자신의 이야기를 맞추는 작업을 한 후 발언하도록 하자. 이렇게 확인하면 상대방이 원하는 것을 알 수 있다. 거꾸로 이 '확인'을 빠뜨리면 '요구되지 않는 내용을 장황하게 말하는 사람'이 될지도 모른다.

"오늘은 세 가지를 말씀드리고자 합니다."

: 하고 싶은 말의 '수'를 전달하라

이야기의 주제를 전달했다면 그 다음은 '수'가 중요하다. 이야기의 중요한 포인트가 몇 가지인지 전달하는 것이다. "오늘은 세 가지를 말씀드리고자 합니다"라는 식의 문장을 회의장이나 발표장 같은 곳에서 접한 적이 있을 것이다. 앞서 '이야기를 정리하기 위해 사용하는 뇌 내 양동이(78~79쪽 참고)'에 대해 말했는데, 이 양동이는 이야기의 수만큼 필요하다.

이야기를 정리해서 듣게 하고, 중요한 포인트를 정리하기 쉽도록 요점이 몇 가지인지 '수'를 선언하자. "중요한 요점은 두 가지입니다" 또는 "오늘 논의할 것은 한 가지입니다"와 같은 식으로 수를 전달하면 상대방은 이야기의 전체상을 파악하고 머릿속으로 정리를 하면서 이야기를 들을 수 있다. 이 점이 중요하다.

이전에 내 강의를 들은 분들 가운데 남 앞에서 이야기를 할 때 극도로 긴장한다는 분이 있었다. 아무리 이해하기 쉽게 설명하는 방법을 알려줘도 그는 자기소개를 하는 것만으로 진땀을 내면서 설명 방법을 잘 적용하지 못했다.

왜 잘 안 되는 것인지 관찰하면서 나는 그가 '수를 의식하지 않고' 있다는 점을 알게 됐다. 수를 의식하지 않으니 하려던 이야기를 빠뜨리게 되고, 상대방도 이해하지 못한다는 모습을 보이면서 그의 초조함만 커지는 것이었다. 결국 그는 더 긴장했고 이야기는 산으로 가버리고 말았다.

그가 이야기를 시작하기 전에 나는 다음과 같은 대화를 시도해봤다.

"잠시만요. 앞으로 하려는 이야기가 몇 가지인가요?"

"세 가지 정도 되는 것 같네요."

"그럼 그 세 가지를 말씀해주세요."

그다음에 들은 그의 이야기는 역시 훨씬 이해하기 쉬웠다.

하고 싶은 말이 몇 가지인지
먼저 말해두면 마음이 진정된다!

전달하고 싶은 내용을 정리할 때 사람들은 '결론'을 생각한다. 우선 결론을 명확히 해야겠다고 여기는 것이다. 하지만 '결론은 무엇인가?' 하고 자문하면 솔직히 대답이 바로 나오지 않을 때가 있다. 학창 시절에 국어 시험을 볼 때 '주어는 무엇인가?'라는 문제가 많이 출제되었다. 이런 질문이 나오면 너무 어렵게 생각한 나머지 답을 잘 쓰지 못했다. 그런데 질문을 살짝 바꿔보면 어땠을까? 결론을 끌어내기 위해 하고 싶은 이야기의 수는 몇 가지인지를 생각해보자. 즉 '오늘은 총 몇 가지의 이야기를 하고 싶은가'를 생각하는 것이다. 이것도 결국 결론을 찾는 것과 다름없다. '하고 싶은 이야기의 수는?' 이라고 질문하면 머릿속에 있는 정보가 중요한 사항을 중심으로 정리되기 시작한다. '하고 싶은 이야기가 많은데, 이걸 몇 가지로 정리할 수 있을까?'라는 관점으로 보게 되는 것이다. 그 결과 '결론'을 찾기도 수월해진다.

'중요한 포인트는 무엇인가?'가 아니라 '중요한 포인트는 몇 가지인가?'라고 생각하고, '현안 사항은 무엇인가?'가 아니라 '현안 사항은 몇 가지인가?'라고 자문하라. 내용을 완

벽하게 말해야 한다고 생각하면 초조해져서 말이 막힐 수 있다. 또 불필요한 이야기로 상대방이 이해하기 더 어렵게 말하는 경우도 있다. 하지만 일단 수를 생각하면 머릿속이 정리되면서 상대방도 이해하기 쉽게 이야기를 전달할 수 있다.

상대방이 질문을 던졌을 때도 마찬가지다. '예'나 '아니오'로 답할 수 없는 질문, 답이 여러 가지인 질문을 들어도 '답부터 말하자'가 아닌 '수부터 말하자'라고 생각하면 이야기를 이어가기 수월해진다. "이 상품의 세일즈 포인트는 무엇인가요?"라는 질문에는 "상품의 세일즈 포인트는 두 가지인데, 바로 ▲▲와 △△입니다"라는 식으로 답할 수 있다. 또 "이 안이 좋다고 생각하는 이유는 무엇인가요?"라는 질문에는 "이유는 두 가지입니다. ▲▲와 △△ 때문입니다"와 같은 답이 명확할 것이다.

결론부터 말하려고 하면 처음에 든 생각을 바로 말해버리기 쉽다. 결론이 하나라면 그래도 괜찮겠지만, 결론이 여러 개인 경우에는 "앗, 그리고 이것도 있었네요. 참 또 이것도 중요한데요"라며 계속 덧붙여야 하는 상황이 된다. 그러므로 우선은 전달하고자 하는 내용의 '수'를 생각하고 전달하는 것이 가장 좋다.

전달하고 싶은 이야기의 '수'를 먼저 말하면서 설명하는 연습
└ : 부서에 배치된 신입사원이 자기소개를 할 때

6월부터 홍보부에 배치된 신입사원 ○○○입니다. 연수 중에는 여러 부서를 체험했습니다.

기획부와 제작부 여러분들은 물건을 만드는 데 굉장한 자부심을 갖고 계셔서 감동했습니다. 그리고 매장을 둘러보았을 때는 손님이 광고에서 본 제품을 사고 싶다고 하시는 말을 듣고 광고의 영향이 굉장히 크다는 것을 실감했습니다. 물론 홍보부에서도 많은 것을 배웠습니다. 상품에 대해 제대로 전달해야 한다는 것을 생각했습니다.

Point

- 주저리주저리 이야기하면
무슨 말을 하려는 건지 잘 전달되지 않는다.

- '여러', '굉장히' 등 애매한 표현이 많아
이야기의 취지도 애매해졌다.

6월부터 홍보부에서 일하게 된 신입사원 ○○○입니다. 연수 중에 각 부서의 업무와 매장 순회를 체험하며 세 가지를 배웠습니다.

첫째, 기획부와 제작부가 높은 자부심을 갖고 상품을 만들고 있다는 것입니다. 둘째, 광고가 고객의 주문에 큰 영향을 준다는 것입니다. 셋째, 홍보란 상품에 담긴 스토리를 사외에 전달하는 일이라는 것입니다.

Point

- 우선 하고 싶은 이야기의 수를 전달하자.
- 머릿속을 정리해 간결하게 설명한다.
- '애매한 표현'을 가급적 구체적인 말로 바꾸면
  의도를 정확히 전달할 수 있다.

결론부터 이야기하는 것의 좋은 점
: 이야기의 요점과 결론을 전달하라

주제와 수를 전달하고 상대방이 이야기를 들을 준비가 되었다면 곧장 '결론'을 말하자. '결론'에 대해서는 앞에서도 다뤘다. '15초 법칙'에 따라 단적으로 정리하는 것이 핵심이다.

다음은 '주제', '수', '결론'이 담긴 설명이다.

"앞으로 마이너스 금리가 일반 가정의 가계에 어떤 영향을 미칠지에 대해 말씀드리겠습니다(주제). 중요한 포인트는 세 가지입니다(수). 현시점에서는 첫째, 예금금리 저하, 둘째, 주택대출금리 저하, 셋째, 보험상품 금리 저하라는 총 세 가지에 영향을 미칠 것입니다(결론)."

어떤가? 매우 짧은 문장이지만 이것만으로도 '이야기의

전체상'을 알 수 있다. 듣는 사람은 '이제부터 대략 이런 이야기가 진행되는구나' 하고 '머릿속으로 준비'를 할 수 있다. 이것이 바로 이야기의 이해도를 높이는 지름길이다.

사실 이렇게 짧게 전달하기가 쉬운 일은 아니다. 많은 사람들이 결론부터 이야기하라는 말을 자주 듣는 데다, 그것이 중요하다는 것도 알고 있다. 하지만 실제로 '결론'부터 이야기할 수 있는 사람은 많지 않다. 왜냐하면 '결론'만 전달하면 뭔가 부족하다고 느끼기 때문이다. 영업회의에서 누군가 생각을 전달할 때 "B안이 좋다고 생각합니다"라고 결론부터 말한다면 아마 추가 설명이 필요해질 것이다. '왜 그렇게 생각했지?', 'A안과 C안도 있는데 그것들로는 안 되나?' 하고 듣는 사람들의 머릿속에 의문이 생길 수밖에 없기 때문이다.

경우에 따라서는 반격을 받을 수도 있다. 반격이 무서워서 사전에 상대방의 의문점이나 반론에 대처하려다 보면 "A안과 C안도 있지만 각각 어떤 장단점이 있는지 감안해서 B안으로 정했습니다"라고 구구절절 설명하기 십상이다.

＊

하지만 설명이 길고 복잡해질수록 정말로 전달하고 싶었던 'B안이 좋다고 생각합니다'라는 메시지는 상대방에게 잘 전해지지 않는다. 이런 상황을 막아줄 만한 테크닉이 있다. 바로 "**결론부터 말씀드리겠습니다**"라고 머리말을 다는 것이다. 그렇게 하면 '이후에 상세한 설명을 하겠구나'라며 상대방도 이해하고 반격을 하지 않는다.

만약 영업 미팅에서 다음과 같은 이야기를 들으면 어떤 생각이 들까?

"신상품인 '상큼 차'는 중성지방이 늘어나는 것을 억제하는 효과가 있습니다. 20대~50대 남녀 300명에게 식전에 이 차를 마시게 하는 실험을 해본 결과, 중성지방이 20퍼센트 감소했습니다. 쓴맛 때문에 마시기 힘들다는 의견도 있어서 다른 찻잎을 섞어 맛을 개선했습니다."

포인트가 많아서 머릿속에 들어오지 않는다. 말의 첫머리를 "결론부터 말씀드리겠습니다"라고 시작해보면 어떨까. 그리고 "결론부터 말씀드리면 신상품인 '상큼 차'는 몸에 지방이 잘 쌓이지 않게 하는 효과가 있어 다이어트에 좋습니다"에서 일단 끊는 것이다. "왜냐하면 ……라는 실험결과가 나왔기 때문입니다. ……를 해서 맛을 개선했습니다"라는 식의 이유와 보충 정보는 결론을 전달한 후에 추가하면 된다. 우선은 '결론만'을 의식해 이야기해보는 것이다.

결론이 옳다는 것을
보여주는 근거가 핵심이다
: '이유', '구체적 예'를 전달하라

'주제', '(말하고 싶은 내용의) 수', '결론'을 전달하면 상
대방의 머릿속에 준비된 양동이에는 물이 반쯤 담긴다.
그다음에는 양동이를 가득 채우기만 하면 된다. 어째서
그런 '결론'이 도출되었는지 '이유'와 '구체적인 사례'를
이야기하면 설득력이 커진다. 여기서 말하는 '이유'란 설명
하는 '결론'의 근거를 뜻한다. 다소 깊이 있는 이야기가 나
와도 상대방은 '결론'을 알고 있기 때문에 혼란스러워하
지 않는다.

가령 '최근 밸런타인데이에 여성 친구들끼리 초콜릿을
주고받는 경우가 늘고 있다'라는 것이 이야기의 '결론'이

라고 해보자. 그 '이유'로 다음과 같이 실험 결과, 실적 등 객관적인 사실을 언급하면 설득력이 더욱 커진다.

"2013년에 실시된 한 제과회사의 조사에 따르면 10대, 20대 여성이 초콜릿을 줄 예정인 상대는 동성친구가 약 70퍼센트로 가장 많았습니다. 남자친구(약 40퍼센트), 고백하고 싶은 남성(약 10퍼센트)을 크게 웃도는 결과였습니다."

나아가 '구체적인 사례'에도 결론을 보강하는 정보를 담는다. 물론 사례는 결론이 옳음을 보여주는 것이어야 한다. "초콜릿 매장에는 여성 손님들이 줄을 지어 서 있었습니다"와 같은 이야기로는 '결론'을 보충할 수 없다. 줄 서 있던 여성의 대다수가 남성을 위해 초콜릿을 샀을지도 모르기 때문이다. 그러나 "친구에게 주는 '의리 초콜릿'이라는 말이 유행하고 있습니다"라거나 "작년에는 여성들끼리 초콜릿을 가져오는 모임이 도내 각지에서 열렸다고 합니다"와 같이 말한다면 결론을 뒷받침할 수 있는 사례를 보여주게 된다.

그리고 마지막으로 중요한 것이 '결론'이다. 이것은 정리한 '결론'을 반복하면 된다.

＊

텐프렙의 법칙에 따라 설명하면 기본적으로 상대방이 이해하지 못할 일은 없겠지만, '이유'나 '구체적 사례'에 관한 언급이 지나치게 길거나 임팩트가 너무 강하면 그쪽으로만 관심이 쏠릴 수 있다. 기껏 알기 쉽게 설명을 했는데도 '재미있는 내용이긴 한데, 이게 원래 무슨 이야기였지?' 하고 상대방이 주제를 잊어버린다면 보충 설명을 하지 않은 것만도 못하다. 그러므로 마지막으로 "그래서 오늘 말씀드린 것은 ○○였습니다"라는 식으로 '결론'을 반복해 상대방의 기억을 일깨워야 한다.

끝맺음의 '결론'은 처음에 이야기의 '주제'를 전달하는 것만큼이나 중요한 포인트다. 설명을 헛된 것으로 만들지 않기 위해서라도 다시 한번 강조해주는 것이 좋다.

"'도대체 하고 싶은 말이 뭐야?'라는 말은
이제 듣지 않겠어!"
: 텐프렙의 법칙을 재구성하라

텐프렙의 법칙은 프레젠테이션이나 영업 미팅, 회의석상의 발표, 보고서 작성 등 여러 비즈니스 커뮤니케이션에서 활용할 수 있다. 21쪽에서 살펴본 '이해하기 힘든 영업 설명'을 다음과 같이 정리해보자.

오늘은 귀사에서 발주하는 계약서 및 취급 설명서의 번역 납기를 단축하고 전문성이 높은 안건에도 대응하는 계획에 대해 제안을 드리고자 찾아왔습니다(상대방에게 득이 되는 내용 포착). 4월부터 시작한 새로운 번역 서비스를 소개할 텐데 괜찮으시겠습니까(이야기의 주제 및 단계 체크)? 중요한 포인트는 두 가지입니다(수). 저희 회사에서는 첫째, 긴급하게 번역이 필요한 경우라도 신속하게 대응할 수 있습니다. 둘째, 특수 언어 및 전문적인 내용에도 대응 가능합니다(결론).

그것이 가능해진 배경에 대해 설명을 드리겠습니다. 첫째, 온라인을 통한 수주 시스템을 구축해 24시간 언제든 수주 및 납품이 가능해졌습니다. 둘째, 다수의 역자가 저희와 계약을 하고 있어서 귀사의 수출처인 아시아권을 비롯해 유럽, 아프리카 등지의 50개 언어로 번역이 가능합니다. 또 특허 번역이나 기술 번역 등은 전문 번역회사와 제휴하고 있어 상담해드릴 수 있습니다(이유).

이전에는 창구 담당 직원이 없는 시간에는 번역 서비스의 수주가 불가능해 시간적 손실이 발생했습니다. 하지만 온라인으로 발주하면 밤중에라도 역자가 원고를 받습니다. 실제로 타사에서 이 서비스를 이용한 결과 평균 10시간 정도를 단축할 수 있었습니다(구체적 사례).

그래서 이번에는 저희의 새로운 서비스로 첫째, 긴급히 번역이 필요한 경우라도 신속하게 대응할 수 있다는 점, 둘째, 특수 언어나 전문적인 내용에도 대응 가능하다는 점을 소개하였습니다. 공업용 기계를 수출하는 귀사의 사정에 맞는 서비스를 제공할 수 있으리라 생각합니다. 부디 이용을 검토해주십시오(요점).

✳

어떤가? 이렇게 이야기가 정리되어 있으면 짧은 시간에도 개요가 머릿속에 들어와 이 서비스를 이용할지 말지에 대해 판단이 용이해진다.

텐프렙의 법칙은 매우 간단한 '틀'이지만 효과는 상당히 뛰어나다. 내용을 이해하기 쉽게 해주기 때문이다. 또 사용할수록 점차 더 능숙해지므로 회의에서 발언할 기회가 있다면 꼭 시도해볼 만하다. 보고서나 메일을 쓸 때도 텐프렙의 법칙에 따라 구성되어 있는지 다시 살펴보자. 누군가의 이야기를 듣거나 글을 읽을 때 역시 텐프렙의 법칙으로 재구성해보면 머릿속이 잘 정리될 것이다.

이해하기 쉽게 설명하면 상대방의 반응도 확연히 달라진다. 누군가 이야기를 집중해서 듣고 납득해주는 경험을 통해 자신감도 얻을 수 있다. 그 자신감이야말로 당신의 설득력을 더 높여줄 것이다.

어제 고객이 상당히 험악한 표정으로 호통을 쳤습니다. 전화 통화이기는 했지만 갑자기 "거기 오 주임이라는 놈 나와!"라며 소리를 치더군요. 오 주임님이 휴가 중이어서 일단 다시 연락드리겠다고 말씀드렸더니 상품 A를 샀는데 못 쓰겠다며 불만을 30분 이상 이야기했습니다. 우선은 상사와 상의한 후에 답변해드리겠다고 하고 억지로 전화를 끊었습니다.

어제 휴가인 오 주임님 앞으로 클레임 전화가 와서(T) 제가 대신 받았습니다. 두 가지 대응책(N)을 생각하고 있는데 의논이 필요합니다(P). 오 주임님이 오늘도 유급휴가 중이기 때문입니다(R). 내용은 상품 A를 구매한 고객의 반품 및 환불 요청이었습니다. 뚜껑이 열리지 않는다고 하네요(E).

제가 관리부에 대응을 부탁하면 될까요? 아니면 일단 고객에게 바로 반품하시라고 하는 것이 좋을지 알려주십시오(P).

Point

- T: '클레임'이라는 주제부터 들어간다.
- N: 하고 싶은 이야기의 수에 대해 말한다.
- P: 결론을 이야기한다.
- R: 상의하는 이유를 밝힌다.
- E: 구체적인 에피소드를 말한다.
- P: 결론을 확인한다.

76쪽의 텐프렙의 법칙을 보면서 39쪽의 연습 1에서 쓴 설명문의
순서를 바꿔보자.

Part 4

설명은
무조건
쉬워야 한다

*

말을 쉽게 풀어주는 행위에는 두 단계가 있다.
첫 번째 단계는 상대방이 이해하도록
어려운 단어를 평이하게 바꾸어 이해하기 쉽게 하는 것이다.
두 번째 단계는 '치환'이다.
'당신이 알고 있는 ○○와 같습니다'라고 치환해주는 것도
표현을 '쉽게 풀어주는 방법'이다.

이해하기 쉽도록 상대방이
아는 표현으로 바꿔서 설명하라
: 무엇이든 쉽게 풀어주는 2단계 방법

Part 2를 통해 알아본 '상대방의 마음을 사로잡는 방법', 그리고 Part 3을 통해 살펴본 '이야기를 정리하는 방법'을 완벽히 익혀도 설명할 때 표현을 어렵게 한다면 상대방은 내용을 빨리 이해할 수 없다.

제조사의 기술 담당 직원이 신상품의 성능에 대해 영업부를 대상으로 설명할 때 기계용어를 연발한다면 내용이 잘 전달되지 않을 것이다. 전자제품의 사용법을 몰라서 콜센터에 전화를 했을 때 상담자가 전문용어만 쓰는 상황도 마찬가지일 것이다. 단단한 음식을 먹을 때 소화되기 쉽도록 치아로 음식물을 잘게 부수는 것처럼 어려운 단어, 전문용어, 상대방이 모르는 말도 머리에 쏙 들어오는 표현으로 쉽게 풀어주면 상대방이 이해하기 수월해진다.

＊

표현을 쉽게 풀어주는 행위에는 두 단계가 있다. 첫 번째 단계는 어려운 단어를 평이하게 바꾸어 상대방이 이해하기 쉽게 하는 것이다. 나는 처음 입사했을 때 선배가 "정시스 승인 따와"라고 말하면 무슨 뜻인지 몰랐다. 회사에 익숙해지면서 정시스가 '정보시스템'의 약자라는 것을 알았지만, 처음 이 말을 들었을 때는 전혀 짐작도 못했다. 먼저 설명을 해주거나 적어도 약자를 쓰지 않고 '정보시스템 부문'이라고 해줬다면 훨씬 잘 알아들었을 것이다.

약자 이외에 외래어, 한자를 혼용하는 단어도 이해하기 어려울 수 있다. 이를 '알기 쉽게' 말하고 싶다면 쉬운 표현으로 바꾸는 방법을 기억하고 연습하는 것이 좋다. 그 방법은 누구나 익힐 수 있다.

표현을 쉽게 풀어주는 두 번째 단계는 '치환'이다. 'ESTA'라는 말이 있다. 여행을 좋아하는 분이라면 이 말을 본 적이 있을지도 모르겠다. 'ESTA'에 대한 다음 두 종류의 설명을 읽어보고 어떤 것이 더 이해가 잘되는지 생각해보자.

   ① 미국 정부가 운영하는 전용 홈페이지에 여권 번호 및 현주소, 연령 등의 정보를 입력하고 신용카드로 14달러를 지불하면 취득할 수 있다.
   ② 요컨대 비자 같은 것이다.

   더 정확한 정보는 ①이지만 이해가 더 잘되는 설명은 ②라고 하는 사람이 훨씬 더 많지 않을까? 익숙하지 않은 'ESTA'라는 말을 '비자'라는 이미 아는 말로 치환하면 훨씬 이해가 쉬워진다. 그리고 긴 설명이 없이도 '해외에 갈 때 신청해야 하는 것'이라고 헤아릴 수 있다. 이처럼 '당신이 알고 있는 ○○와 같습니다'라고 치환해주는 것도 표현을 '쉽게 풀어주는 방법'이다.

명사를 동사로 바꾸면 더 쉽게 전달된다
: 어렵게 느껴지는 말을 쉽게 표현하는 기술

'쉽게 풀어주기' 연습에 들어가보자. 많은 사람이 어렵게 느끼는 말이 있는가 하면 쉽게 여기는 말이 있다. 우선은 '많은 사람이 어렵게 느끼는 말'을 '쉽게 여기는 말'로 바꿔보자.

가령 어렵게 느껴지는 말 중에는 '움직임을 나타내는 명사'가 있다. '변동(바뀌는 것)', '습득(익히는 것)' 등이 그 예다. 이런 단어는 실제로는 움직임을 나타내지만 형식상으로는 '명사'다. 이런 표현을 많이 사용하면 글이 딱딱해질뿐더러 상대방이 이해하기도 어려워진다. 이러한 명사는 그대로 움직임을 나타내는 동사로 바꾸면 더 쉽게 전달된다.

다음 예를 살펴보자. 모두 신문에나 나올 법한 딱딱한 문장을 보다 쉽게 풀어준 예다. 문장 속의 특정 명사를 동사로 바꾸면 한결 알기 쉬워지는 느낌이 든다.

- 대폭적인 수요 **변동**이 혼란을 초래했다.
  → 수요가 대폭 **바뀌면서** 혼란이 생겼다.
- 영어회화 **습득**은 앞으로 점점 더 중요해진다.
  → 영어회화를 **익히는** 일은 앞으로 점점 더 중요해진다.
- 소비자의 구매 **동향**을 조사한다.
  → 소비자가 어떻게 물건을 **사는지**에 대해 알아본다.
- 고령자의 **기호** 상품 → 고령자가 **좋아하는** 상품

'화(化)', '성(性)', '적(的)' 등의 접미어도 말을 어렵게 만드는 요인 중 하나인데, 이것 역시 쉽게 풀어줄 수 있다. 가령 상태의 변화를 나타내는 'ㅇㅇ화'는 'ㅇㅇ가 되는 것'이라는 식으로 바꿔 말할 수 있다.

- 10년 만에 **흑자화**를 이루어냈다.

  → 10년 만에 흑자가 되었다.

- **저출산화**로 생기는 변화

  → 아이를 적게 낳게 되면서 생기는 변화

- 업무 프로세스가 **가시화**된다.

  → 업무 프로세스가 눈에 보이게 된다.

'○○성'은 '○○에서 유래한다', '○○이다'라는 뜻으로 성질을 나타내며 '○○성 ××'나 '××의 ○○성'과 같은 식으로 많이 쓰인다. '××가 ○○라는 것'처럼 주어와 술어로 풀어주면 이해하기 수월해진다.

- 식물성 유래 성분으로 되어 있다.

  → 식물로 만든 성분으로 되어 있다.

- 시스템의 취약성이 원인이다.

  → 시스템이 취약한 것이 원인이다.

- 표현의 다양성은 문화다.

  → 표현이 다양한 것은 문화다.

- 학력의 유의성을 의심하다.

→ 학력이 의미가 있는지 없는지 의심하다.

'○○적'은 '○○ 같은', '○○처럼' 등의 의미로 성질을 나타낸다. 원래 조금 애매한 상태를 나타내는데, 최근에는 '설득적 문장(설득력이 있는 문장)' 같은 표현도 쓰인다.

아무 말에나 '적'을 붙여서 뜻이 통하는 것은 아니다. 원래 애매한 표현이다 보니 상대방에게도 애매하게 전달될 수 있다. '○○적 ××'도 '○○ 같은 ××'나 '××가 ○○인 것'과 같이 알기 쉽게 풀어주자.

- 미래적 공간 → 미래 같은 공간
- 다면적 기능 → 기능이 많은 것
- 시간적 우위성
  → 시간이라는 관점에서 보면 우위의 것

여담이지만 이 '적'이라는 말은 원래 영어가 들어오면서 'fantastic', 'systematic' 등의 'tic'을 제대로 표현하기 어려워 '○○ 같다'라는 의미로 사용한 것이다. 어원 역시 애매한 말임을 알 수 있다.

영어나 외래어는 되도록 자제하라

: 스스로 설명하지 못하는 말은 사용하지 않는 것이 좋다

보통 대화에서도 영어나 외래어는 자주 쓰인다. 택시, 텔레비전, 인터넷 등 이미 단어로 정착된 말은 그대로 사용해도 문제되지 않는다. 하지만 더러 '의미를 잘 모르면서 쓰는' 단어도 있다. 만약 말하는 사람이 '잘 모르는' 상태에서 쓰는 단어라면 상대방에게도 잘 전달될 리가 없다. 상대방이 다른 의미로 받아들일 가능성마저 있다.

외래어를 쓰는 사람은 왠지 알아듣게 설명하는 것 같아 보이지만 실제로는 그렇지 못한 경우가 많다. 외래어를 자주 쓰는 사람은 이를 연발하는 경향이 있어 '알 듯 말 듯한' 상태가 누적된다. 그리고 듣는 사람은 결국 내용을 헤아리기 어

렵게 된다. 예를 들어 다음과 같은 메시지를 들었다고 해
보자.

자, 오늘 미팅의 아젠다를 랩업하겠습니다. 스피드감이 있
는 디시전 메이킹이 요구되는 요즘 우리 회사의 코어 컴
피턴스를 직시하고 드래스틱한 업무 개선이 필요합니다.
각 디비전은 업무 프라이어리티를 재확인해서 핵심 프로
젝트에 풀 커미트해주십시오. 또 팀 멤버의 임파워먼트,
놀리지 공유도 중요한 과제입니다. 오늘 결석하신 분들께
는 각자 셰어 부탁드립니다.

아마 이 이야기를 '셰어'해줘도 대부분의 사람들은 앞
으로 구체적으로 무슨 일을 진행해야 할지 감을 잡지 못
할 것이다. 영어나 외래어를 쓰지 않고 전달하는 훈련을
해보자. 위에서 쓰인 외래어나 외국어는 모두 다음과 같
은 말로 바꿀 수 있다.

- 미팅 → 회의
- 아젠다 → 의제

- 랩업하다 → 정리하다

- 디시전 메이킹 → 의사결정

- 코어 컴피턴스 → 경쟁사보다 압도적으로 우수한 강점

- 드래스틱 → 과감한

- 디비전 → 부서

- 프라이어리티 → 우선순위

- 프로젝트 → 계획

- 풀 커미트하다 → 책임지고 매진하다

- 팀 멤버 → 부서원

- 임파워먼트 → 능력을 꽃피우는 일

- 놀리지 → 지식

- 셰어 → 공유

＊

위와 같이 바꾼 말로 앞의 메시지를 다시 써보자. 가급적 쉽게 고쳐보는 것이다.

자, 오늘 회의 의제를 정리하겠습니다. 신속한 의사결정이

요구되는 요즘 우리 회사의 강점을 직시하고 과감하게 업무 개선을 할 필요가 있습니다. 각 부서에서는 업무의 우선순위를 재확인해서 핵심 계획에 책임지고 매진해주십시오. 또한 부서원의 능력 개발, 지식 공유도 중요한 과제입니다. 오늘 결석한 분들께는 각자 공유해주시길 부탁드립니다.

경우에 따라서는 외국어나 외래어를 사용하는 편이 더 편할 때도 있다. 하지만 살짝 참고 **초등학생이 모를 만한 외국어나 외래어는 '절대 사용하지 않겠다'**라는 각오로 임해보는 것이 좋겠다.

약자(略字)를 쓰는 것이 독이 되는 경우
: 나에게 익숙한 말을 상대방이 똑같이 해석한다는 보장은 없다

'외래어'와 마찬가지로 주의해야 할 점이 있다. 바로 '약자(略字)'를 사용하지 않는 것이다. 예를 들어 일본의 어떤 지역에서는 '맥도날드'를 '맥'이라고 부른다. 하지만 오사카에서는 '매그도'라고 조금 다르게 부른다. 둘 다 맥도날드를 가리키는데 표현이 달라서 전달되지 않는 경우가 있다.

자신에게 익숙한 표현이라고 해서 상대방도 똑같이 해석할 것이라고 생각하지 말자. 약자를 사용하는 것도 습관이 되기 쉬우니 주의하는 것이 좋다.

또한 사내에서 사용하는 약자에도 신경을 써야 한다. 내가 이전에 근무한 후지필름에서는 'KY'라는 말을 '위험 예지'

라는 의미로 사용했다(제조사에서는 같은 의미로 사용하는 경우가 많은 듯하다). '발생할 수 있는 불량이나 사고를 사전에 예측해두는 것'이 '위험 예지'인데, 이를 'KY'라고 줄여서 불렀던 것이다. 사내 회의에서도 "지금 KY를 확실히 해둬야 해", "이번 문제는 KY 부족이 원인이야"라는 식의 대화가 오갔다. 이 말은 사내의 공통언어였으니 팀 내에서 사용하는 데는 전혀 문제가 없었다. 하지만 이 'KY'라는 단어를 사외 자료에 넣으면 읽는 사람이 이해하기 어려워한다. KY를 위험 예지의 의미로 사용해본 적이 없는 사람은 'KY가 부족했다'라는 말이 무얼 뜻하는지 전혀 짐작하지 못하기 때문이다.

✳

'자기만의 줄임말'은 더더욱 사용하지 않는 편이 좋다. 더러 '멋진 표현이네!'라며 무릎을 치게 만드는 약자를 보기도 하는데 전달력은 거의 없다. 예전에 일본의 한 텔레비전 방송에서는 '스메하라', '이쿠보스' 등에 관한 프로그램을 제작했다. 그런데 이 단어들을 듣고 무엇을 말하는지 금세 알아들은 이들이 얼마나 될까? '스메하라'는 '스멜(냄새) 허래스먼트(harassment)'의 약자이며 냄새로 남에게 민폐를 끼치는 것을 뜻한다고 한다. 그런가 하면 '이쿠보스'는 육아를 이해하는 보스를 의미한다. 이쿠멘(육아하는 남자)이라는 말이 유행하면서 만들어진 단어로 '남성 직원이나 부하 직원의 육아 참여를 이해해주는 경영자 및 상사'라는 뜻이다. 이렇게 사전에 설명을 들어야 이해가 된다. "좀 더 일하기 좋은 회사를 만들고 싶으니 ○○ 부장님은 꼭 이쿠보스가 되어주십시오"라고 말해본들 얼마나 전달될 수 있을까.

줄임말을 사용하면 긴 말을 짧은 단어로 표현할 수 있지만, 그 말을 모르는 사람에게는 아무것도 전달되지 않는다.

같은 단어는 바꿔 말하지 말고
반복하는 것이 유리하다
: 비즈니스 현장에서 단어 선택을 할 때 주의할 점

　말을 할 때 같은 단어는 반복하지 않는 편이 좋다고 어릴 적 국어 수업 시간에 배운 적이 있다. 작문을 할 때도 같은 단어를 계속 사용하지 말고 동일한 의미의 다른 단어로 바꾸도록 지도받았다. 국어 교과서에도 역시 한 문장에 같은 단어가 여러 번 나오지 않았다. 하지만 비즈니스 현장에서는 같은 의미를 지닌 단어를 여러 개 사용하면 이해도가 떨어진다.

　과거에 일 때문에 파견을 간 적이 있는데, 배포물 및 제출물을 확인하는 사람이 이렇게 설명했다.

"여러분께 각각 필기도구, 설문지, 노란색 설명용지, 그 밖에 이번 흐름을 적은 자료 다섯 장을 나눠드리고 있습니다. 전부 받으셨나요? (중략) 그럼 마지막으로 기입용지에 필요한 사항을 적어 제출해주십시오."

이 말을 듣고 그 자리에 있던 많은 사람이 그 '기입용지'가 무엇을 가리키는지 몰라 곤혹스러워했다. 사실 그 '기입용지'는 처음에 설명한 '설문지'를 뜻하는 것이었다. "마지막으로 설문지에 필요한 사항을 적어서……"라고 했으면 쉽게 이해했을 것이다.

그러나 그때 사람들은 자료를 한 장씩 읽어봐야 제출하라는 종이가 무엇인지 알 수 있었다. 애당초 그리 어려운 일을 요구하지도 않았는데 단어를 바꾸는 통에 대부분의 사람들이 고개를 갸웃거린 것이다.

단어가 바뀌기만 해도 전달력은 단숨에 떨어질 수 있다. '같은 무언가를 가리킬 때는 반드시 같은 단어를' 사용하도록 하자.

전문용어를 쉽게 풀어주는 간단한 기술

: 전문용어를 상대방이 알아들을 수 있게 치환하라

외국어나 외래어를 알기 쉽게 만드는 연습을 앞에서 해 봤다. 그런데 까다로운 것이 또 하나 있다. 바로 전문용어다. '전문용어를 사용하면 이해시키기 힘들다. 그러니 전문용어는 지나치게 쓰면 안 된다'라는 말에는 많은 이들이 직감적으로 동의할 듯하다. 하지만 실제로는 상당히 많은 사람이 전문용어로 이야기하고, 이로 인해 청자들은 '전문용어 때문에 상대방의 이야기를 이해하지 못하겠다'라며 불만스러워한다.

요컨대 모두들 전문용어를 쓰면 안 된다고 생각하면서도 실제로는 사용하고 있다. 왜 그럴까? 이유는 크게 둘로 나뉜다.

첫째, 전문용어라고 의식하지 않아서다. 전문용어는 전문가의 입장에서 보면 '일상용어'다. 그러므로 전문가들은 자신이 일상적으로 사용하는 말이 전문용어라는 사실 자체를 잘 의식하지 못한다. 특히 평소에 작은 집단에서만 대화를 나누는 경우, 즉 늘 똑같은 사람들을 상대로 이야기하는 경우에 '해당 그룹'에서 통하는 말을 '일반용어'라고 여기는 경향이 있다.

시스템 엔지니어나 프로그래머, 기술직에 종사하는 사람에게 이런 경향이 강하다. 그들은 매우 전문적인 주제를 특정 멤버와 함께 생각하고 일한다. 같은 주제를 숙지하고 있는 멤버와 이야기할 때는 전문용어로 대화가 가능하고, 오히려 그러한 대화가 훨씬 이해도 잘된다.

둘째, 그 단어로밖에 표현할 수 없어서다. 전문용어가 이해도를 떨어뜨린다는 사실을 알면서도 전문용어를 사용하는 또 하나의 이유는 '그 내용을 표현하려면 그 단어를 사용할 수밖에 없다'고 생각하기 때문이다. 내용이 전문적일수록 표현할 단어는 한정된다. 일반용어라면 다르게 바꿔 말할 수 있지만 전문용어는 단어를 바꾸면 의미가 달라지기도 한다. 그러니 '알고 있지만 이 단어가 아니면 안 된다'라는 생각에 전문용어를 쓰는 것이다. 이런 이유로 전문용어가 가득한 어려운 설명이 탄생한다.

다음 문장은 구글(Google)이 발표한 새로운 화상회의 시스템에 대한 설명이다. 어떤 시스템이고 무엇을 구비하면 사용할 수 있다는 글인지 읽어보자.

소프트웨어는 구글 서비스 공통의 메시징·화상통화 서비스인 행아웃이 베이스입니다. 설치한 회의실끼리 또는 노트북이나 스마트폰으로 행아웃을 통해 15명까지 동시에 화상회의에 참여할 수 있습니다. 기존 화상회의 시스템과 접속할 때는 Vidyo를 이용하고, 옛날 기기로 화상통화에 참여할 때는 UberConference 툴을 이용할 수 있습니다. 그리고 크롬(Chrome) OS와 행아웃을 이용하기 위해 참가자의 PC 화면을 케이블 없이도 리얼타임으로 공유하거나 도큐먼트를 참가자 전원이 참조하는 etc도 대응합니다.

나는 화상회의에 관심이 있어 이 자료를 보았는데 '이 회의 시스템은 상대방 측도 기자재가 필요한가?'라는 기본적 궁금증도 해결할 수 없어 더는 검토하지 못했다.

늘 같은 멤버와 이야기하는 상황이라면 전문용어를 많이 써도 문제없을 것이다. 그러나 언론의 홍보자료를 작성하거나 프레젠테이션을 할 때, 그러니까 전문지식이 없는 상대방에게 이야기할 때처럼 외부에 설명하는 순간에는 지장을 초래할 수 있다. 물론 전문용어를 평이한 단어로 바꾸기가 곤란할 수도 있다. 하지만 완전히 똑같은 의미의 단어를 사용해야만 상대방이 알아들을 수 있다고 생각할 필요는 없다. 쉬운 단어로 바꾸는 것보다 더 효과적인 방법이 바로 '치환'하는 기술이다.

　다음엔 '치환'하는 기술에 대해 조금 더 상세히 알아보자.

설명에 등장하는 전문용어를 쉽게 풀어주는 연습
└ : 새로운 화상회의 시스템에 대해 설명할 때

크롬 OS와 행아웃을 이용하기 위해 참가자의 PC 화면을 케이블 없이도 리얼타임으로 공유하거나 도큐먼트를 참가자 전원이 참조하는 etc도 대응합니다.

Point

- 갑자기 전문용어가 등장하면
문외한인 사람은 이해하지 못한다.

- '리얼타임', '도큐먼트' 등의 외래어도
전달력을 떨어뜨리는 요인이다.

구글이 개발한 '크롬 OS'와 음성통화 앱 '행아웃'을 이용하기 위해 케이블을 사용하지 않고도 자신의 PC 화면을 다른 회의 참석자에게 보여주면서 설명할 수 있습니다. 또 회의자료나 회의록 같은 문서를 참가자 전원에게 보여줄 수도 있습니다.

Point

- '구글이 개발한', '음성통화 앱'과 같은 말을 보충하면 설명이 훨씬 잘 이해된다.

- 보다 구체적인 표현을 통해 어떻게 사용하는지 이해하기 쉽게 만들었다.

인간은 말을 이미지로 변환시켜 이해한다
: '심상'과 '스키마'의 작동 원리

'치환'에 대해 구체적으로 설명하기에 앞서 사람이 말을 이해하는 과정에 대해 알아보자.

도쿄대 명예교수인 하타무라 요타로의 책《직관 수학》에는, '(안다는 것은) 미리 머릿속에 템플릿이라는 그 사람 나름의 생각의 맥락 같은 것이 있는데, 밖에서 들어온 것이 그것과 딱 맞아떨어지는 일'이라고 적혀 있다. 앞에서 언급했던 'ESTA'를 예로 들어보자. 'ESTA는 비자 같은 것'이라는 설명은 우리 머릿속에 있던 '해외에 갈 때는 비자 같은 허가증이 필요하다'라는 템플릿에 'ESTA'가 일치하여 전달된 셈이다. 상대방이 아는 말로 치환하는 것은 머릿속에 있는 템플릿에 정보를 일치시키는 일인 것이다.

✳

또 한 가지 중요한 포인트가 있다. 바로 '머릿속에 있는 템플릿은 사람에 따라 다르다'는 점이다. 인간은 말이 정보로 들어왔을 때 문자열로 이해하지 않는다. 그 문자열을 이미지로 변환시켜 이해한다. 그래서 전혀 모르는 단어나 이미지로 변환할 수 없는 말을 이해하기란 불가능하다. 변환한 이미지를 인지심리학에서는 '심상'이라 부른다. 그리고 이미지로 변환할 때는 동시에 그것에서 연상되는 정보도 떠오른다. 이렇게 연상된 정보는 '스키마'라고 한다.

만약 "소풍에 가져가기 쉬운 과일을 준비했습니다"라는 말을 들으면 많은 사람들은 바나나를 떠올리지(심상) 않을까? 바나나에서 연상되는 '칼이 없어도 껍질을 벗길 수 있다', '씨가 없어 먹기 편하다' 등의 정보(스키마)도 떠올리면서 말이다. 이때 사과와 칼을 나눠준다면 사람들은 '이게 뭐지?' 하고 의문을 가질 것이다. 그러나 사실 세상에는 '사과는 잘 무르지 않고 운반하기 쉬우니 소풍용 과일에 적합하다'라고 여기는 사람도 없지는 않다.

'이해하기 쉬운' 말의 여부는 상대방에 따라 다르다. 이해의
과정을 인식하는 것이 말을 '치환'할 때의 포인트다.

인간이 말을 이해하는 과정

인간은 외부에서 정보를 얻으면 '심상'을 만든다.
= 전혀 모르는 말로는 '심상'을 만들 수 없다.

"소풍에 가져가기 쉬운
과일을 준비했습니다."

말

심상

어떤 과일을 말하는 걸까?

세트로
이해

바나나는

씨가 없고,

껍질을
벗기기 쉽다.

스키마

심상과 더불어 '스키마(연상, 고정관념)'를 불러일으킨다.

"그러니까 이것은 유산 상속 같은 것입니다."

: 상대가 아는 말로 치환하는 것이 핵심

말을 치환하는 연습을 해보자. 우선 맥도날드, 아이패드(iPad) 같은 말을 다르게 표현해보면 어떨까.

정확히 설명하려 하지 말고 '말하자면 ○○ 같은 것'이라는 식으로 답해보자. 우선은 **누구에게 설명할지**를 생각해야 한다. 이미 우리는 '누구에게' 설명할지를 그려봐야 한다는 것을 살펴봤다(49쪽 참고). 다시 떠올려보자. 단순히 '상사'가 아니라 '외출하기 전의 시간이 없는 상사'라는 식으로 상대방의 상황을 포함해 생각해보는 것이다. 또 '성격이 급하다', '외래어에 약하다' 등 상대방의 특징도 진지하게 생각해보자.

이미 밝힌 바 있지만 나는 아침 정보프로그램인 〈도쿠다네!〉에 정규 해설자로 출연하며 시사문제에 대해 의견을 나누고 해설한다. 〈도쿠다네!〉는 상당히 폭넓은 시청자를 보유하고 있다. 방송 시간이 8시부터 9시 50분까지라 주부나 학생도 많이 시청한다.

그런데 직장인과 주부, 학생의 지식 및 상식은 꽤 다르다. 직장인에게는 통하는 말이 주부에게는 생소한 경우도 허다하다. 한편 이 시간대는 주부가 한참 집안일을 하고 있거나 정리한 후 한숨 돌리는 때라 방송 화면을 집중해서 보고 있다기보다는 다른 일을 하며 듣거나, 그저 멍하니 보고 있는 시청자가 많을 것이다. 그러한 시청자들은 방송 출연자들이 귀에 쏙 들어오는 단어로 말하지 않으면 내용을 잘 이해하기 힘들다.

얼마 전 〈도쿠다네!〉에서 일본무용의 후계자 문제로 소송이 진행되고 있다는 뉴스를 다루었는데, 무용계의 유파가 다양한 데다 이미 제명을 당한 곳도 있고 여전히 대립 중인 곳도 있는 등 상황이 복잡하여 문제의 본질을 파악하기가 어려웠다. 여기서 나는 "그러니까 유산 상속 같은 것이군요"라고 언급했다. 시청자의 대부분은 일본 무용계의 유파에 대해 알지 못한다. 하지만 유산 상속은 드라마에도 자주 등장하고 가깝게 느끼는 주제여서 머릿속에 템플릿으로 존재할 터였다. 그러므로 '유산 상속 같은 것'이라고 말을 치환하면 시청자는 '그런 지저분한 상황이구나' 하고 대략적으로 파악할 수 있고 단번에 이해한다.

＊

이제 맥도날드와 아이패드라는 말도 더 쉬운 표현으로 풀어볼 수 있을 것이다. 상대방이 아는 말로 치환해보자. 요컨대 '○○ 같은 것'이라고 표현하면 된다.

① **맥도날드**: 햄버거 가게, 카페, 롯데리아
  *물론 롯데리아는 맥도날드가 아니다. 그러나 맥도날드는 모르지만 롯데리아를 아는 사람에게는 가장 이해하기 쉬운 표현이 아닐까?
② **아이패드**: 커다란 아이폰, 키보드가 달려 있지 않은 PC

어떤가? '정확하지 않다'라거나 '엄밀히 말하면 다르다'

와 같은 반론은 두려워하지 말자. 우선은 큰 틀을 잡아주는 것이 중요하다. '대략 이런 느낌이구나'라는 이미지를 공유한 후에 '하지만 엄밀히 따지면 차이점도 있다'라는 식으로 보충하면 된다. 처음부터 세세하게 차이점을 설명해봐야 상대방은 이해하지 못한다. 용기를 내 "그러니까 당신이 아는 ○○와 같은 것"이라고 표현하는 편이 낫다.

'상대방을 생각하기'란 말만큼 쉽지가 않다. 우선은 이야기할 상대방의 배경을 상상해보자. 상대방이 어떻게 생활하고 있는지, 회사에 있을 때는 어떤 일을 하는지, 어떤 텔레비전 프로그램이나 잡지를 보는지 등, 힌트는 곳곳에 자리하고 있다. **상대방이 된 것처럼 그 입장과 행동 패턴까지 생각했을 때 비로소 상대방에게 전달되는 말을 찾을 수 있다.**

상대방을 정해서 말을 치환하는 연습도 해보자. 먼저 여러분의 회사에서 사용하는 전문용어를 하나 떠올려보자. 그리고 그것을 **'그러니까 당신이 아는 ○○ 같은 것'**이라는 식으로 상대방이 이해하기 쉽게 바꿔보자. 학생을 대상으로 설명한다면 어떤 말로 바꿀 것인가? 다른 업종에서 일하는 동기생에게 설명한다면 어떤 말이 적합할까? 본가의 어머니에게 설명한다면 어떻게 해야 할까?

설명을 들을 상대방을 떠올리며
전달될 수 있는 표현을 찾자!

정확하게 설명했는데 이해를 못 하는 이유

: 정확한 단어를 쓴다고 상대방에게 전달되는 것은 아니다

흔히 상대방이 제대로 설명을 알아듣지 못한 것에 대해 "나는 정확하게 말했는데 상대방이 이해하지 못하니 어쩌겠어. 그 사람 탓이지"라고 하는 이들이 있다. 제대로 조사해서 정확한 정보를 전달했는데 상대방이 그 설명을 이해하지 못하면 당연히 실망스럽다. 하지만 자신의 정당성을 주장하는 것만으로는 한 걸음도 나아갈 수 없다. '정확한 단어를 쓴다고 모두 정확히 전달되지는 않는다'라는 인식을 하는 것이 중요하다.

내가 사이버에이전트사에서 근무할 때 있었던 일이다. 당시에는 인터넷이 점차 퍼지고 있었지만 여전히 잘 모르는 사람도 있었다. 나는 인터넷 광고 영업 담당자로서 한 자동차 부품 회사에 영업을 하러 갔다. 그런데 그곳이 홈페이지가 없는 회사여서 우선은 홈페이지부터 만들자는 제안으로 이야기를 시작했다.

나 "이제는 인터넷의 시대이지 않습니까?"

사장 "그렇지요."

나 "그런데 귀사는 아직 홈페이지가 없으시죠."

사장 "그렇지요."

나 "홈페이지를 만듭시다."

사장 "아니, 우리는 필요 없습니다."

몇 번이나 똑같은 대화를 반복했다. 사장은 '이제는 인터넷의 시대'라는 말에는 동의했지만 홈페이지에 대해서는 완고히 필요 없다고 했다. 표정과 말투로도 진지하게 홈페이지가 필요 없다고 표현하는 듯했다. 그런데 나는 대화하다 보니 뭔가 오해하고 있는 것 같다는 생각이 들었다. 그래서 가져간 PC로 "혹시 이걸 생각하시는 건가요?"라며 '야후(Yahoo)!'의 첫 화면을 보여주었다. 그러자 사장은 "그래, 이거 말하는 거지요? 홈페이지"라고 답했다.

다시 말해 그 사장은 홈페이지를 검색 서비스라고 생각했던 것이다. 내가 '홈페이지'라는 말을 할 때마다 사장의 머릿속에는 야후의 첫 화면이 떠올랐을 것이다. 즉 "홈페이지를 만듭시다"라는 나의 제안은 "귀사도 검색 사이트를 운영합시다"라고 들렸을 테고, 그러니 "필요 없다"라는 대답이 나올 만도 했다. 그곳은 자동차 부품 회사였으니 말이다.

사장과의 대화에서는 정확한 말의 사용이 중요한 것이 아니었다. 내 말은 정확했고 오해는 사장이 했다. 하지만 사장의 머릿속에 떠오른 이미지가 있는 이상 그것을 고려하지 않을 수는 없다. 나와 같은 이미지를 가지도록 말을 '치환'해야 했다. 나는 '홈페이지'라는 말은 일단 접어두고 "PC로 보는 기업 홍보 화면을 만드시라는 겁니다"라고 했다. 그러자 사장은 "아, 그 말이었군요. 그건 우리도 만들려고 생각하고 있었어요. 주변 회사들도 만들었고"라며 흔쾌히 동의했다. 홈페이지도 무사히 제작될 수 있었다.

상대방의 머릿속에 동일한 심상을 만들어야 하는 이유

• 똑같은 말을 해도 '다른 심상'이 만들어지기도 한다.

• 중요한 것은 문자가 아니라 '동일한 심상을 만드는 말'이다.

정확한 말을 사용한다고 제대로 전달되는 것은 아니다!

그런데 그 후에도 사장은 꽤 오랫동안 야후를 홈페이지라고 불렀다. 그만큼 인간이 가진 심상은 **뿌리 깊이 박혀** 있다.

이는 "정확하게 설명했는데 왜 이해를 못하는 거야!"라는 말을 다시 생각하게 하는 사례다. 인간이 말을 이해하는 과정을 알고 어떤 말을 던졌을 때 상대방과 나의 심상이 일치할지를 생각해야 할 것이다.

상대방과 나는 어디서 어긋난 것일까?
: 스키마를 일치시켜라

상대방과 이야기해본 결과 어떤 말에 대해 양쪽이 동일한 이미지(심상)를 가지고 있다는 것을 알게 된 상황이라고 가정해보자. 그럼 이제 내용이 잘 전달되겠다고 생각할 수 있겠지만 이때도 안심하기엔 이르다. 머릿속에 그리는 이미지는 같아도 거기서 연상되는 주변 정보(스키마)는 다를 수 있기 때문이다.

스키마가 어긋나는 경우에 대해 생각해볼 수 있게 잠깐 다음과 같은 상황을 상상해보자. 당신의 차가 신호를 기다리며 멈춰 있는데 뒤에서 오던 차가 추돌 사고를 냈다. 당신에게는 잘못이 없고 과실 비율이 10 대 0의 상태라면 이후에 어떤 일이 벌어질까?

사고가 났으니 경찰을 부른 후 보험회사에도 연락을 할 것이다. 그리고 보험금에 대한 협상이 발생한다. 사고를 낸 쪽은 계약한 보험회사가 출동하지만, 당신은 **스스로 대응해야만 한다**. 보험회사는 보험 계약자에게 과실이 있을 때 출동해 돈을 부담한다. 반대로 부담할 돈이 없는 경우에는 나올 필요가 없다며 나타나지 않는다. 추돌 사고가 났으니 부상을 당하기도 했을 것이다. 어쩌면 제대로 서 있기조차 불편할 수도 있다. 그런데도 가해자 쪽의 보험 전문가와 협상을 해야만 한다.

물론 보험의 중요사항 설명서 등에 상세한 내용이 나와 있을지도 모르지만, 나는 '보험회사는 사고가 나면 당연히 출동해주는 곳'이라고 내 멋대로 상상하고 있었다. 물론 완전한 착각이었다. 나와 보험회사는 각각 '자동차 보험'에 대한 심상은 일치했다. 하지만 나의 스키마는 '보험회사는 사고가 나면 처리해준다'였고, 보험회사의 스키마는 '보험회사는 과실 사고가 발생하면 처리한다'였다. 스키마가 일치하지 않았던 것이다.

스키마(말에서 연상되는 주변정보)를 일치시키자!

상대방이 다른 스키마를 가지고 있으면 이야기가 전달되지 않는다.

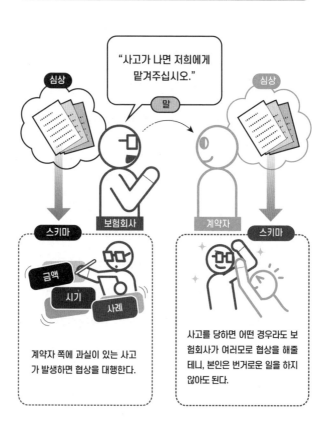

"사고가 나면 저희에게 맡겨주십시오."

말

심상

심상

스키마

보험회사

계약자

스키마

계약자 쪽에 과실이 있는 사고가 발생하면 협상을 대행한다.

사고를 당하면 어떤 경우라도 보험회사가 여러모로 협상을 해줄 테니, 본인은 번거로운 일을 하지 않아도 된다.

이런 어긋남은 계약 당시에는 표면화되지 않는다. 사고가 났을 때에야 알게 되고 문제를 일으키는 법이다. 그러므로 설명을 할 때는 상대방과 자신이 생각하는 것이 다름을 전제로 여기고 표현을 잘 골라야 한다. 이야기 상대가 보험회사 내의 동료라면 스키마는 거의 일치할 것이다. 그런데 보험을 신청하려는 고객이라면? 같은 고객이라도 자동차 보험에 처음 가입하는 사람과 이전에 다른 보험을 이용한 적이 있는 사람, 사고 경험이 있는 사람에 따라 각각 스키마는 다르다. 그러니 설명하는 말도 바뀌어야 한다.

106쪽의 연습 3에서 새로 나열한 문장을 다시 읽어보고 쉬운 말로
바꾸거나 풀어 쓰는 편이 나은 표현이 있다면 고쳐보자.

Part 5

가장 짧은 시간에
최소한의 설명으로
상대방을 움직여라

'이해'는 세 단계로 나눌 수 있다.
첫 단계는 이야기의 내용을 파악하는 과정이다.
다음 단계는 '납득'의 과정이다.
마지막 단계는 바로 이야기의 내용을
'재현'하는 과정이다.

'재현'할 수 있어야 이해한 것이다

: 설명했는데도 상대방이 움직이지 않는 이유

'설명'을 주제로 연수를 진행하다 보면 자신이 하는 말을 상대방이 이해하지 못한다고 고민하는 사람을 자주 만난다. 잘 들어보면 '제대로 설명했는데 의도한 대로 상대방이 움직여주지 않는다'라는 것이 고민의 핵심이다. 특히 비즈니스에서는 영업이나 부하 직원 지도, 사내 연락 등 결국은 상대방을 움직이기 위해 설명을 하는 일이 많으므로 이는 아주 절실한 문제다.

대개 '이해한다'라고 쉽게 표현하지만 실제로 '이해'는 세 단계로 나눌 수 있다. 첫 단계는 이야기의 내용을 파악하는 과정이다. 상대방이 자신의 말을 파악하지 못하면 당연히 이해는 불가능하다. 상대방이 파악할 수 있는 말로 정보를 전하는 방법은 앞서 배운 대로다.

이해는 '파악'만으로 끝나지 않는다. 다음 단계인 '납득'의 과정이 있다. 부하 직원이 '상사가 하는 말을 알아듣기는 하지만 짜증나니까 하기 싫다'라고 생각해버리면 설명 내용은 전달되더라도 이후의 행동으로는 이어지지 않는다.

여기에 또 한 단계가 더 있다. 바로 이야기의 내용을 '재현'하는 과정이다. 인간은 컴퓨터처럼 한 번만 듣고도 기억하는 존재가 아니다. 독일의 한 연구 결과에 따르면 인간은 한 번 들은 정보의 74퍼센트는 다음 날이면 잊어버린다고 한다. 본인은 기억하고 있다고 여길 때에도 약 4분의 3은 빠져나가는 셈이다. 설명을 파악하고 납득하더라도 그것을 잊어버린다면 아무 의미도 없다. "어제 설명한 포인트 기억하나?"라고 부하 직원에게 물어본 후에 "기억합니다"라는 답변을 듣는다고 해도 만족해서는 안 된다. "어제 설명한 포인트 기억하나?"라고 물으면 "어제 설명의 포인트는 ○○이고, 제가 해야 할 일은 ××였지요"라며 부하 직원이 스스로 재현할 수 있도록 해야 한다. 그래야 비로소 상대가 이해했다고, 알아들었다고 할 수 있다.

그런데 이 '재현'의 과정을 가볍게 여기는 사람이 상당히 많다. 한번 설명해서 알아들었으니 괜찮을 것이라 여긴 결과, 상대방이 의도대로 움직이지 않아서 동일한 설명을 반복하게 되면 결국 시간이 낭비된다. '잊어버리는 사람이 나쁘지'라고 생각하지 말고, 설명하는 쪽이 고민해서 상대방이 포인트를 이해하고 재현할 수 있도록 전달해야 한다.

그렇다고 장황하게 설명하라는 것이 아니다. 상대방이 재현하기 쉽도록 하려면 가급적 짧으면서도 의도를 알수 있게 설명해야 한다. 즉 상대방에 대한 요구사항을 이해하기 쉽게 정리하고, 의도를 파악하기 힘들거나 애매한 표현, 오해를 부르는 표현은 철저히 피하는 것이 비결이다. 가장 짧은 시간에 최소한의 설명으로 상대방을 움직이는 것이 목표다.

파악부터 재현까지
세 단계로 나누어 생각하라!

☑ 이야기의 내용을 **재현**한다.

☑ 이야기의 내용을 **납득**한다.

☑ 이야기의 내용을 **파악**한다.

가장 짧은 시간에 최소한의 설명으로 상대방을 움직여라

뭐가 잘못되었는지 알아듣기 쉽게!

: 목적을 알기 힘든 지적으로는 사람을 움직일 수 없다

　내가 예전에 근무한 직장에는 아무런 설명도 없이 주의만 주는 사람이 있었다. 그는 내가 뭔가 일을 하고 있으면 내용은 전혀 보지 않고 "그렇게 해도 되는 거야?"라고 했다. '뭐지? 어디가 잘못되었다는 거지?' 하고 혼란스러워하면 그대로 자리를 떠버렸다.

　상사가 주의를 주면 보통은 무언가를 고쳐야 한다고 생각한다. 그런데 나름대로 어디가 잘못되었는지 생각하고 바꾸다가 자칫하면 오히려 일을 더 복잡하게 만들어 문제를 일으키기도 한다. 지금 생각하면 설명해주지 않고 주의만 주던 그 상사는 단순히 "일은 생각하면서 하는 거야"

라고 말하고 싶었던 것 같다.

✳

　그는 남의 서류를 점검하기를 대단히 좋아하는 사람이었
다. 서류를 제출하면 새빨간 줄투성이인 첨삭이 돌아왔다.
붉은 부분을 수정해서 다시 제출하면 또 새빨간 서류가 되돌
아온다. 대개 그러기를 네 차례 정도 반복했다. 얼마나 중요
한 문서라서 그렇게 신중하게 작성하나 싶겠지만, 실제로는
회의 개최를 알리는 사내 문서나 보고서 수준에 지나지 않았
다. 어쨌든 내가 작성한 원고는 점점 원형을 알 수 없을 만큼
바뀌고 상사 역시 무엇을 말하고자 하는지 모르는 상태가 되
었다. 결국은 그냥 아무 말이라도 하고 싶어 했던 것 아닐까.

　사자는 자기 새끼를 절벽 아래로 밀어 살아오도록 교
육시킨다고 하지만, 인간의 경우에는 상황이 다르다. 뭐
가 문제인지, 무엇을 하라는 것인지 명확한 설명도 없이
지시를 해봐야 시간만 낭비되고 서로 스트레스만 쌓인다.
오늘날에는 목적을 알기 힘든 근성론으로는 사람을 움직일 수
없다. 자신의 시간도 또 상대방의 시간도 아낄 수 있도록 재빨
리 명확하게 의도를 전달해야 한다.

상대가 마음을 헤아려주길 바라지 마라
: 뉘앙스가 아닌 구체적인 내용으로 전달하라

누군가 어떤 부탁을 해올 때 "그래서 뭘 하고 싶으신가요? 저한테 뭘 기대하시는 거죠?"라고 되묻고 싶은 경우가 자주 있다.

생각을 헤아려주길 바라는 입장에서는 의도나 부탁을 명확히 드러내지 않고 '흐리는' 경우가 있다. 즉 '마지막까지 말은 하지 않지만 헤아려주길 바란다'는 것이다. 나름대로 점잖은 매너라고 할 수도 있겠지만, 그것이 통용되는 것은 서로 배경과 암묵적 전제를 공유하고 있는 경우뿐이다.

의사소통에는 두 종류가 있다. 바로 '콘텍스트 커뮤니케이션(문맥으로 의사를 전달하는 것)'과 '콘텐츠 커뮤니케이션(내용으로 의사를 전달하는 것)'이다. 콘텍스트 커뮤니케이션이란 전제지식을 바탕으로 한 암묵적인 양해나 분위기로 의사소통을 도모하는 것이라 생각하면 된다.

＊

월말 최종경영회의가 있는 오후, 영업 목표 달성률이 99.9퍼센트인 상황을 가정해보자. 이때 상사가 "반드시 해내자!"라며 부서원들에게 소리 높여 외친다. 부서원들도 "반드시 해내겠습니다!"라고 답한다. 사실 이 대화에는 부서원들이 도대체 무엇을 해낸다는 것인지가 일체 언급되지 않는다. 하지만 상사의 의도는 짐작할 수 있다. 상사는 "앞으로 몇 시간 안 남았지만 어떻게 해서든 영업 목표를 달성하자! 모두들 최선을 다해주게!"라는 말을 하고 싶은 것이다.

내용을 말하지 않고 문맥과 흐름으로 의사소통을 진행하는 것이 콘텍스트 커뮤니케이션이라고 할 수 있다. 일본에서는 콘텍스트 커뮤니케이션이 차지하는 비율이 상당히 높다. 하지만 이런 대화가 성립하는 것은 상사와 부하 간에 어떤 공통된 인식이 있을 때이다. '영업 목표를 달성해야 한다'라는 전제가 있을 때 말이다. "영업 목표를 달성해야 한다"라는 명령에 대해 "어째서요?"라고 의문을 갖는 사람이 있다면 대화가 성립되지 않는다. 상사가 아무리 큰 소리로 "반드시 해내자!"라며 부르짖어도 "해내다니 대체 뭘요?"라는 질문이 나올 테니 말이다. 의욕이 없는 직원에게 말이 통하지 않는 경우와는 또 다르다. 애당초 '달성률 99.9퍼센트와 100퍼센트는 전혀 다르다', '마지막 0.1퍼센트를 획득하는 것이 이번 달의 성공을 뜻한다'라는 공통 인식이 없으면 "반드시 해낸다!"가 뜻하는 바를 이해할 수 없다.

반면 콘텐츠 커뮤니케이션은 '구체적인 내용을 가리켜 의사소통을 진행하는 것'이다. 예컨대 "반드시 해내자!"가 아니라 "오늘 오후 17시까지 매상을 500만 원 늘리는 거다! 모두들 기존 고객 전원에게 다시 한번 전화해서 판매를 진행해보도록!" 정도가 되겠다. 결국 모로 가도 서울만 가면 된다고 하지 않던가. 내용만 제대로 전달되면 상관없다.

한편 전제나 암묵적 양해를 깔고 있는 콘텍스트 커뮤니

케이션은 앞으로 사용하기 어려워질 것이다. 사회가 단일 적이고 획일적인 경우에는 콘텍스트 커뮤니케이션이 성 립하기 쉽지만 콘텍스트 커뮤니케이션에서 오가는 뉘앙 스를 모르는 사람에게는 구체적인 내용(콘텐츠)으로 대화 해야만 하니 말이다.

⇛ Case Study ⇚
설명에서 애매한 표현을 없애는 연습
└ : 회식 일정 및 장소 조정을 부탁할 때

고야마 상사의 다나카 영업부장과 부하 직원인 마루야마 씨, 우에다 씨가 다음 달 초에 시로야마 호텔 회식에 참가하게 되었으니 잘 부탁해.

그런데 매번 이용하던 가게 말이야. 인원수가 늘어나면 방을 잡을 수 있을지 모르겠네. 지금 연락하면 힘들 수도 있겠어. 어쨌든 고야마 사장은 시로야마 호텔에 묵을 예정이고 회식이 끝나면 바로 방으로 가고 싶을 테니까 잘 조정해줬으면 해.

Point

- '잘 부탁해'만으로는 구체적으로 무엇을 하면 될지 혼란스럽다.
- 잘 조정하는 것이 무엇을 뜻하는지 전달되지 않는다.

다음 달 초에 시로야마 호텔에서 고야마 상사 직원들과 회식하는 건 말이야, 다나카 영업부장하고 부하직원인 마루야마 씨, 우에다 씨도 참석하게 되었으니 총 열 명이네. 그 세 사람까지 포함해서 일정을 조정해줘. 인원 문제로 시로야마 호텔에서 늘 이용하던 룸이 예약이 안 되면 호텔 내의 다른 가게로 알아봐주면 좋겠어.

Point

- 추가된 세 사람을 포함해
일정을 조정하라는 요청이 정확히 전달된다.

- 첫 번째 후보인 가게에 예약이 불가능하면 다른 가게를 찾아보라는
구체적인 지시가 드러나 있다.

- '호텔 내의 다른 가게'라고 한정되어 있어 후보지를 좁힐 수도 있다.

분위기로 전달하는 것은 한계가 있다
: 콘텐츠 커뮤니케이션에 주목하라

설명을 통해 사람을 움직이려고 할 때는 '콘텍스트 커뮤니케이션'이 아니라 '콘텐츠 커뮤니케이션'에 주목해야 한다. 분위기로 모든 의사소통이 가능한 달인이라면 몰라도 보통은 그런 능력은 없으니 말이다.

그런데 이와 관련해 세간에 큰 오해가 있다. 바로 '커뮤니케이션에서 언어(말)로 전달되는 것은 7퍼센트'라는 이야기다. 커뮤니케이션에는 '언어(말)'와 '비언어(표정, 목소리 톤, 속도 등)'의 요소가 있으며, 언어와 비언어로 전달할 수 있는 부분이 따로 있다고 보는 것이다. 그리고 '언어로 전달되는 것은 전체의 7퍼센트에 불과하다. 중요한 것은 비언어적인 부분이니 이를 연마하자'라고 강조하는 교육도 있다. 그런데 이것은 잘못된 이야기다.

✳

애초에 이 '언어로 전달되는 건 7퍼센트'라는 이야기는 미국의 심리학자 앨버트 메라비언(Albert Mehrabian)이 진행한 실험의 결과에 근거하고 있다. 그는 실험에서 인간의 행동이 타인에게 어떤 영향을 주는지 알아본 결과 다음과 같은 '메라비언의 법칙'을 발표했다.

- 55퍼센트가 시각 정보(외양, 표정, 몸짓 등)
- 38퍼센트가 청각 정보(목소리 톤, 속도, 말투 등)
- 7퍼센트가 언어 정보(말 자체의 의미, 이야기 내용 등)

즉 메라비언의 실험 결과를 바탕으로 '언어는 전체의 7퍼센트밖에 전달하지 못한다. 나머지 93퍼센트는 외양이나 말투 등으로 결정된다'라고 말하는 것이다. 하지만 이 실험 결과에는 한 가지 조건이 붙는다. 바로 다음과 같이 '언어', '청각', '시각'에 대해 각각 모순된 정보가 부여된 경우에

한한다는 것이다.

- 화를 내면서 "당신 덕분입니다!"라고 말할 때
- 방글거리며 "그건 납득이 안 됩니다"라고 말할 때
- 자신만만한 목소리로 "음, 요구하시는 수준을 실현할 수 있을 것 같지 않네요"라고 답할 때

위와 같이 발신하는 메시지에 일관성이 없는 경우에 언어, 시각, 청각 중 어느 요소에서 영향을 받는지 실험한 결과가 다음과 같았던 것이다.

- 얼굴 표정 등에서 받는 영향이 55퍼센트
- 말투 등에서 받는 영향이 38퍼센트
- 말 자체에서 받는 영향이 단 7퍼센트

이 법칙은 다음과 같이 발신하는 메시지에 '일관성이 있는 경우'에는 해당하지 않는다.

- 웃으면서 "당신 덕분입니다!"라고 말할 때

- 뚱한 표정으로 "그건 납득이 안 됩니다"라고 말할 때
- 자신 없는 목소리로 "음, 요구하시는 수준을 실현할 수 있을 것 같지 않네요"라고 답할 때

메시지와 태도에 일관성이 있을 경우에는 '언어(말)의 내용이 커뮤니케이션에서 차지하는 비율이 7퍼센트'라고 할 수 없다. 어떤 말을 하느냐에 따라 상대방이 이해하는 내용이 달라질 것이다. 어떤 경우에도 말을 사용하지 않고 목소리 톤과 얼굴 표정만으로 93퍼센트의 커뮤니케이션이 가능하다는 이야기는 아님을 알아두자.

사실 생각해보면 당연한 이야기다. 말을 사용하지 않고 회의가 가능한가? 말을 사용하지 않고 상담이 가능한가? 말을 사용하지 않고 스피치가 가능한가?

말을 사용하지 않는 커뮤니케이션은 '내가 하고 싶은 말을 표정과 목소리 톤만으로 헤아려주세요'라는 것과 같다. 보통의 의사소통에서는 말이 매우 중요하다. 콘텐츠(내용)를 오해 없이 전달하는 수단은 역시 말이다.

"그래서 뭐 어떻게 하라는 거야?"

: 전달하고 싶은 내용은 끝까지 설명하라

알기 쉽게 전달하려면 전달자의 생각, 바라는 점을 '이해하기 쉽도록' 말해야 한다. 즉 '전달자의 의도'까지 포함해서 알기 쉽게 표현해야만 의미가 있다. 아무리 체계적으로 정리된 내용을 말해도 전달하려는 결론이 명확하지 않으면 제대로 전달되지 않는다. 그러니 '전달하고 싶은 내용은 직접적으로 말하자'는 생각을 염두에 두어야 한다. 이는 표현의 문제 이전에 '의사 표시'의 문제다.

앞서 말한 것처럼 앞으로는 '콘텍스트 커뮤니케이션'보다 '콘텐츠 커뮤니케이션'의 중요성이 커질 것이다. "그럴듯하게 해봐. 무슨 말인지 잘 알지?", "갑자기 비가 오네요

(데리러 오지 않을래요?)"와 같은 말로는 진의가 전달되지 않는다.

＊

회의에서 다음과 같은 발표가 있었다고 해보자. "고객 만족도 조사 결과, 우리 상품에 만족하는 소비자는 전체의 45퍼센트였습니다. 또한 영업 담당자 중 이 결과를 아는 사람은 10퍼센트 이하였습니다." 이 문장을 이해하는 데는 문제가 없다. 하지만 '상황 설명'만 있을 뿐 전달자가 무엇을 말하고 싶은지, 이 상황에 어떤 의미가 있다고 생각하는지는 알 수 없다. "그래서 뭐?"라고 묻고 싶어진다.

상황을 설명하면 알아줄 것이라 여겨서는 안 된다. 자신의 목적을 명확히 한 후에 **전달하고 싶은 내용은 마지막까지 확실히 언급해야 한다.** 다음과 같이 고치면 의도가 명확해진다.

"고객 만족도 조사 결과, 우리 상품에 만족하는 소비자는 전체의 45퍼센트였습니다. 이는 사상 최저의 수치이니어서 대책을 강구해야 합니다. 그리고 영업 담당자 중 이 결과를 아는 사람은 10퍼센트 이하였습니다. 고객에 대한 무관심이 고객 만족도의 저하로 이어졌다고 생각합니다. 직원들의 의식 개선이 필요하지 않을까요?"

다른 예를 들어보자. 회사 관리부에서 다음과 같은 메일을 받았다면 어떤 생각이 들까?

"내일은 태풍의 영향으로 교통 혼잡이 예상됩니다. 퇴근 시간에 어려움이 있을 것 같습니다."

퇴근 시간에 어려움이 있을 것은 알겠는데, 그 다음엔 어떻게 하라는 것인지 의문스럽다. '퇴근 시간에 어려움이 있을 것 같으니 내일은 재택근무를 한다'는 것인지 '퇴근 시간에 어려움이 있으니 미리 각오해두라'는 것인지 관리부의 의도를 알 수 없다. 다음과 같이 '그러니까 어떻게 하라고?'라는 의문이 생기는 부분까지 미리 생각해서 작성하면 오해의 소지가 없어진다.

"내일은 태풍의 영향으로 교통 혼잡이 예상됩니다. 당사의 사원은 퇴근 시에 어려움이 있을 것 같습니다. 재택근무 또는 조기퇴근을 허가합니다."

마찬가지로 '**부탁 사항**'도 명확히 해야 한다. 다음과 같은 부탁의 말을 살펴보자.

"이번 정례회의는 회의실 예약 문제로 평소보다 30분

일찍 종료합니다."

의식하지 않으면 그런가 보다 하고 흘려버릴 문장이지만 엄밀히 따져보면 의도가 명확하지 않다. 즉 다음 중 어떤 뜻인지 알 수가 없다.

- "30분 단축되어 죄송하지만 양해 바랍니다."
- "평소보다 30분 짧으니 절대 지각하지 마시길 바랍니다."
- "사전에 어느 정도 생각을 정리해 오십시오."

'양해 바랍니다'의 의미라면 참가자가 특별히 주의해야 할 일은 없으니 괜찮다. 하지만 '사전에 어느 정도 생각을 정리해 오십시오'라는 뜻이었다면? 준비를 안 해오는 사람도 생기지 않을까(이런 안내문을 읽고 준비를 해오는 것이 오히려 이상하지 않을까)? 그렇다고 '사전에 30분 짧아진다고 전달했을 텐데?'라며 상대방을 탓할 수도 없는 노릇이다. 부탁할 사항이 있으면 직접적으로 명확히 표현하는 것이 좋다.

'잘 부탁드립니다'의 맹점

: 비즈니스 메일을 쓸 때 주의할 점

비즈니스 메일에서도 의도가 애매한 예를 종종 찾아볼 수 있다. 업무상 메일을 보낼 때 마지막에 '잘 부탁드립니다'라고 적는 것이 관례처럼 되어버렸다. 그런데 대부분의 경우는 특별히 무언가를 부탁한다기보다 '그럼 안녕히 계십시오'라고 적는 대신에 쓰는 '맺음말'이라고 할 수 있다. 그저 '맺음말'로 적은 것이라면 손해날 일은 없다. 하지만 정말로 무언가를 부탁해야만 할 때도 '잘 부탁드립니다'라고 끝내는 경우는 없는지는 생각해볼 만하다.

만약 다음과 같은 메일을 받는다면 무슨 이야기라고 해석하겠는가?

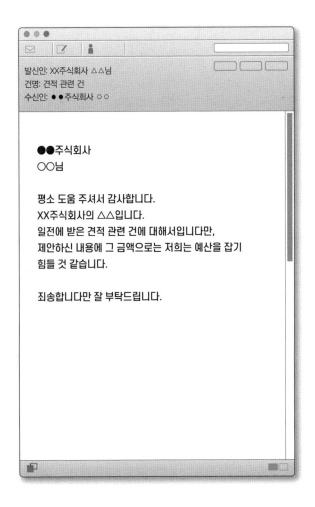

발신인: XX주식회사 △△님
건명: 견적 관련 건
수신인: ●●주식회사 ○○

●●주식회사
○○님

평소 도움 주셔서 감사합니다.
XX주식회사의 △△입니다.
일전에 받은 견적 관련 건에 대해서입니다만,
제안하신 내용에 그 금액으로는 저희는 예산을 잡기
힘들 것 같습니다.

죄송합니다만 잘 부탁드립니다.

앞의 메일을 통해 '상대방이 제출한 견적이 받아들여지지 않았다'는 것은 알 수 있다. 하지만 마지막의 '잘 부탁드립니다'가 무슨 뜻인지는 모르겠다.

- '그 금액으로는 불가능하니 금액을 재검토해주길 바란다.'
- '제안 내용을 재검토하면 견적이 내려갈 가능성이 있으니, 기획을 재검토해주길 바란다.'
- '도무지 어쩔 도리가 없으니 그만 포기하길 바란다.'

위의 것 중 무언가를 가리킨다고 짐작할 수는 있겠지만 정확한 의도는 전달되지 않는다. 가령 상대방이 '재견적'이나 '제안서 수정'을 희망하고 있어도, 여러분이 '이건 포기하라는 소리구나'라고 해석한다면 견적서나 제안서는 다시 제출되지 않고 이 거래는 성립될 수 없다. 또 상대방이 '가격이 안 맞으니 불가능해'라고 전달할 생각이었더라도 여러분이 '그래? 가격면에서는 더 이상 어려우니 내용을 좀 더 고민해서 견적을 다시 내봐야지'라고 받아들이면 분위기를 읽지 못하고 제안을 계속하는 꼴이 된다.

메일을 보낸 사람은 '거 참 끈질기네, 몇 번을 말해도 못 알아듣나'라고 여기겠지만, 메일을 읽는 사람은 '제대로 된 말을 못 들은' 것이다.

✳

메일은 모호하게 쓰면 안 된다. 상대방과 매일같이 이야기를 주고받는 사이라면 감으로 의도를 알아챌 수도 있다. 하지만 그 경우에도 전달되지 않을 가능성이 충분히 있다. 그리 어렵지 않은 메일 내용이 매우 '알아듣기 어려운 표현'으로 쓰였기 때문이다.

상대가 분위기로 의도를 알아채줄 것이라는 생각으로 어렵게 표현하는 이가 있을지도 모른다. 물론 분위기로 알아채는 눈치가 중요하긴 하다. 그러나 **오해의 발생을 최대한 줄이는 것은 '사회인의 의무'이기도 하다.**

상대방이 분위기로 알아차릴 것이라 생각하지 말자. 부탁하고 싶은 일이 있다면 그 행동을 직접 말로 전달해야 한다.

헷갈리는 표현이 오해를 낳는다
: 해석의 차이가 생기는 이유

같은 단어를 사용한다고 해서 듣는 사람이 모두 똑같이 이해할 것이라 생각해서는 안 된다. 사람에 따라 해석이 다를 수 있다. 왜냐하면 애당초 말의 정의 자체가 불분명하기 때문이다.

예를 들어 '커뮤니케이션'이라는 말을 생각해보자. 우리는 '커뮤니케이션을 잘하는 것이 중요하다'라는 문구도 종종 접한다. 그런데 '커뮤니케이션'이 구체적으로 무엇을 가리키는지는 명확하지 않다. 즉, 사람에 따라 해석이 달라질 수 있다. '커뮤니케이션'을 단순히 '대화'라고 여기는 사람도 있고, 더 깊이 생각해 '상호 간의 의사소통'이라

보는 사람도 있을 것이다. 또 술자리에서 불만이나 속내를 털어놓는 것을 연상하는 사람도 있을지 모른다.

✳

이런 상황에서는 가령 '사내 커뮤니케이션 수준을 향상시키자'라는 목표가 세워져도 각각의 직원이 취하는 행동은 달라진다. 여러분이 그룹의 리더인데, 경영자로부터 '각자가 담당하는 그룹 멤버와 커뮤니케이션을 심화하도록 하라'라는 지시를 받았다고 가정해보자. 이때 말을 어떻게 해석하느냐에 따라 각자의 행동은 달라질 수밖에 없다. 예컨대 '커뮤니케이션'이 '대화'라고 생각한 A씨는 흡연실에서 부서원들에게 적극적으로 말을 걸고 함께 점심을 먹으려고 한다. '커뮤니케이션'이 '상호간의 의사소통'이라고 생각한 B씨는 부서원들과 개별 면담을 하고 업무에 대한 생각과 장래 목표에 대한 의견을 듣는다. '커뮤니케이션'이 '술자리를 통해 좋은 분위기를 형성하는 것'이라 받아들인 C씨는 연달아 술자리를 가진다.

하지만 경영자가 의도한 바는 '회사의 비전을 그룹 내에 확실히 침투시키는 것'이었다. 세 명 모두 경영자의 지시를 오해했다. 즉 세 사람이 독자적인 해석으로 커뮤니케이션을 취했던 시간이 헛되이 쓰인 셈이다. 이런 오해가 생기는 이유는 말이 '구체적이지 않아서'다. '무엇을 할 것인지'를 명확한 말로 설명한다면 이런 일은 발생하지 않는다.

그렇다면 어떻게 구체적으로 말을 할 수 있을까? 결론부터 말하자면 다음의 두 가지 규칙을 준수하면 구체적으로 전달할 수 있다.

- 동사: 구체적으로 행동할 수 있는 동사를 사용한다
- 형용사와 부사: 모두 숫자로 바꾼다

사람을 움직이려면 구체적인 동사를 써라
: '제대로 해'라는 말의 약점

우리가 늘 사용하는 말 중에는 움직임을 뜻하지만 구체적인 행동을 나타내지는 않는 표현이 있다. 예를 들어 '제대로 하다', '잘 처리하다' 같은 말이다. 이런 표현은 비즈니스 대화에서도 자주 쓰인다.

'제대로 하다', '잘 처리하다'라는 말은 구체적인 행동을 전혀 나타내지 않는다. 그래서 듣는 사람에 따라 해석이 달라진다. "제대로 해줘"라는 말이 예정대로 납품을 하라는 것인지, 지사에 연락을 하라는 말인지, 재고를 확인하라는 것인지 구체적이지 않으면 듣는 이가 제대로 움직일 도리가 없다. 여러 가지로 해석될 수 있는 말을 쓸 때는 구체적인 행동이나 원하는 상태를 확실히 표현해야 한다.

✳

다음과 같은 식으로 표현하면 오해의 소지가 줄어든다.

- "상품은 7월 15일까지 고객에게 전달해두자."
- "그 시책이 가장 유효한지 확인해보고 필요한 경비를 산출해두자."
- "품절이 발생하지 않도록 재고를 확보해둘 것!"

'잘 처리하다' 역시 '처리'가 의미하는 내용을 구체적으로 나타내자. 만약 고객의 주문이 평소처럼 이루어지게 여러 가지 방법을 써두라는 의미라면, 고객의 주문이 계속될 수 있도록 어떤 대책이 필요한지 생각해서 실행에 옮기자. 경비가 드는 안에 대해서는 그때마다 상의해서 이번 주 중으로 진행하자라고 표현하면 지시를 받는 사람도 금방 행동을 취할 수 있다.

본인이 생각한 대로 상대방이 움직여줘야 스스로도 편하고, 매사가 원활하고 빠르게 진행될 수 있음을 명심하자.

형용사나 부사는 숫자로 바꿔라
: 이미지를 일치시켜야 한다

형용사나 부사도 애매해지기 쉽다. 형용사나 부사는 모두 숫자로 바꾸어 전달하는 방법을 써보자. 예를 들어 "다음 주에 많은 인원이 참석하는 회의가 있으니 넓은 회의실을 확보해두길"이라고 부하 직원에게 메일로 지시했다고 가정해보자. 그런데 이 정보만으로 부하 직원은 당신이 '많다'고 한 인원이 몇 명인지, 어느 정도의 회의실을 '넓다'고 생각하는지 알 수 없다.

사적인 메일처럼 정확성이 덜 요구되는 경우라면 몰라도 비즈니스 대화를 할 때는 가급적 형용사를 숫자로 바꿔줘야 한다. 다음과 같은 식으로 쓰면 부하 직원은 당신의 의도대로 움직일 것이다.

"다음 주에 25명 내외의 인원이 참석하는 회의가 있으니 30명 정도가 들어갈 수 있는 회의실을 확보해두길."

✳

부사에 관해서도 마찬가지다.

"내일은 평소보다 일찍 조례를 시작합니다. 참가 인원도 늘었으니 배포자료를 넉넉히 준비해주세요."

이런 말을 들으면 '그럼 몇 시까지 조례에 가면 되지?' 혹은 '배포자료는 몇 부나 복사를 해야 하는 거지?' 하고 의문을 가질 수 있다. 다음과 같이 문장을 바꾸면 해야 할 일을 단번에 전달할 수 있다.

"내일은 평소보다 10분 일찍 조례를 시작합니다. 또 참가 인원이 늘었으니 배포자료를 20부 더 준비해주세요."

지시를 내리기 전에 애매한 표현을 사용하지 않았는지, 어떻게 하면 구체적으로 전달될지 점검하는 습관을 들이자. 연습할수록 정확한 지시를 내릴 수 있다.

아무 말도 하지 않고도
상대방을 움직이는 법
: 자발성을 이끌어내는 고도의 기술

지금까지 이야기를 알기 쉽게 전달하여 상대방을 움직이는 방법을 소개했다. 그런데 **상대방이 스스로 움직이게 하는** 상급자용 방법도 존재한다.

과거 내가 일했던 사이버에이전트사의 후지타 사장은 회의에서 거의 말을 하지 않는 타입이었다. 결코 화가 난 것은 아니었지만 말을 않고 가만히 있으니 사장실에 싸늘한 기운이 감돌았다. 그러면 어느 순간 그것을 견디지 못해 회의 참가자 중 한 명이 스스로 입을 열기 시작한다. 그리고 종국에는 아직 결정도 안 된 일에 대해 "지금부터 하겠습니다"라고 말하기도 한다. 그러면 후지타 사장은 "음,

아무 말도 하지 않고
상대방의 자발성을 이끌어내는 상급 기술

'직접 지시를 내리지는 않는다.'

"저, 지금부터 하겠습니다."

분위기를 견디지 못하고 먼저 말하는 참가자

"음, 알겠어. 그렇게 하지."

"예."

'상대방이 구체적으로 해야 할 일을 생각해 말하도록 이끈다.'

가장 짧은 시간에 최소한의 설명으로 상대방을 움직여라

알겠어. 그렇게 하지"라고 반응하곤 했다.

후지타 사장은 과거 직접 영업을 뛰던 시절에 매출 성적이 1등이었다고 하는데 그때도 '말하지 않는 영업'으로 유명했다고 한다. 그가 말을 하지 않으니 고객이 여러 가지 이야기를 하게 되고 결과적으로 "그럼 해볼까요?" 하고 스스로 말하는 상황이 벌어졌다고 했다. 본인이 잠자코 있음으로써 상대방이 스스로 무언가를 해야 한다는 기분이 들게끔 하는 것이다.

중요한 포인트는 후지타 사장은 직접 세밀한 사항까지 지시하지 않지만, 상대방에게서 구체적으로 해야 할 일을 끌어내고 결단은 본인이 내렸다는 점이다. 즉 '무엇을 할 것인가'는 명확히 했던 셈이다. 앞에서 중간중간에 계속 지시를 내리지만 최종적으로 목표를 제시하지 못하는 다른 상사(158쪽 참고)에 대해서도 언급했는데, 그와는 참으로 대조적이다.

누군가 사람을 움직이는 데 능하다고 하면 교묘한 말로 행동을 유도하는 '사기꾼'을 떠올리기도 하는데, 사실 말수가 적어도 상대방을 움직이고 이끌 수가 있다.

공감하면 마음을 움직일 수 있다
: 사람마다 대화 방식은 다르다

일을 원활하게 진행하기 위해 대화 방식을 다르게 해야 하는 경우가 있다.

앞에서 말했듯이 '이해'에는 납득의 단계가 있다. '무엇을 해야 한다'는 결론을 알면 움직이는 사람이 있는가 하면 **결론에 도달한 이유를 모르고는 납득하거나 움직이지 않는 사람도 많다.** 그 경우에는 텐프렙의 법칙 중 4단계라고 할 수 있는 '그 결과가 옳다고 할 수 있는 이유'(98쪽 참고)에 대해 분명히 이야기하는 것이 좋다.

다만 이미 반감을 가지고 있는 사람에게는 아무리 정론으로 설득하려 해도 어렵다. 그러한 상대에게는 기분 좋게 이야기를 듣도록 하는 배려도 중요하다. 유명 작가인 무라카미 하루키는 '말하고자 하는 것이 있으면 감사와 기대로 다가가면 된다'라고 했다. 나는 어떤 직원에게 부탁할 때 지시나 명령을 내린다고 생각하지 않는다. 봉사정신을 발휘해주길 부탁한다는 자세로 다가간다. 메일로 무언가를 부탁할 때도 앞머리에 '고마워요'라는 말부터 쓴다.

커뮤니케이션에서는 '공감'이 특히 중요하다고 믿는 사람들이 있다. 나는 그러한 이들에게는 가급적 거리감을 만들지 않으려고 애쓴다. 메일을 쓸 때도 미소 짓는 표정의 이모티콘, 어미에 붙이면 문장에 부드러운 느낌을 주는 물결 표시 등을 많이 사용한다.

메일은 직접 말로 하는 이야기보다도 차가운 인상을 주기 십상이다. 메일로 50 정도의 강도로 이야기를 해도 상대방에게는 20밖에 전달되지 않을 수가 있다. 강도를 0으로 하면 마이너스로 전달될 수도 있는 것이다. 화나지 않았는데 화가 난 것처럼 보이거나, 기뻐하고 있는데도 차갑게 보일 가능성을 피하고 의도를 확실히 전달해야 한다. 그래서 메일을 쓸 때는 표현의 강도를 일부러 달리 할 필요가 있다.

뒤끝 없이 주의를 주는 기술
: 즉시 명확하게 말하는 것이 철칙

메일을 쓸 때 표현 강도를 고려하는 기술은 무언가를 부탁할 때뿐만 아니라, 주의를 줄 때도 유용하다. 이와 관련해서도 사이버에이전트사의 후지타 사장이 쓴 메일을 참고해볼 만하다. 후지타 사장의 메일은 기본적으로 표현 강도가 세다. 목표를 달성했다는 보고를 하면 '굉장하군!!'이라는 식의 답장이 날아왔다. 그러나 반대 의사를 전하는 메일에는 "음…… 안 돼"라고 적어 받는 이를 덜 위축시켰다. 그저 "안 돼!"라거나 "다시 생각해!"라는 말 뿐이었다면 가슴에 박힌 화살 때문에 움직이기 힘들었을지도 모른다.

거부나 반대 표현은 상대방을 위축시키기 위한 것이 아니다. 다시 한번 생각해 더 좋은 아이디어나 제안을 내게 하려는 것이 목적이다.

✳

지금껏 만나온 사람 가운데 주의를 주는 데 능했던 이가 또 한 사람 있다. 바로 리쿠르트 재직 시절의 상사다. 그 상사는 내가 뭔가 실수를 하면 그 자리에서 바로 명확히 주의를 주었다.

예컨대 지각을 하면 곧장 "이번 달에만 두 번째니 다음에는 하지 않도록 해"라고 말하고 더 이상은 지적하지 않았다. 그 순간에 해결하도록 설명해주니 뒤에 문제가 생길 일도 없고 나로서도 다음에는 주의해야겠다는 마음을 갖게 되었다.

나 역시 그를 본받아 직원들이 개선해야 할 점을 발견하면 즉각 전달하려고 노력한다. 물론 내심 화가 날 때도 있지만 직원들이 일부러 틀리거나 실수하는 건 아니라고 본다. 깜빡 실수를 한 것이라면 앞으로는 이를 방지하기 위해 어떻게 하면 좋을지 이야기하고, 방법이 틀렸다면

여파를 남기지 않도록 주의를 주는 방법

앞으로는 어떻게 할지 알려준다.

감정적인 화는 아무것도 해결해주지 않는다. **고쳤으면 하는 포인트를 알기 쉽게 전달하면** 상대방도 다음을 위해 기분을 재정비할 수 있다.

동료(또는 부하 직원)에게 무언가를 부탁하는 상황을 가정해 글을
써보자. 쓴 후에는 다시 읽어보고 '재현'하기 쉬운 표현으로
되어 있는지, 애매한 표현은 없는지 고쳐보자.

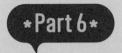

길어지면
지는 것이다

＊

길고 긴 '중요사항 설명서'를
꼼꼼히 확인하는 사람은 드물다.
문제는 설명의 길고 짧음이 아니라
'인식의 차이'를 메우는 설명을
하느냐 못하느냐다.

중요한 것은 설명의 길이가 아니다
: 어긋난 스키마로 인한 오해

지금까지 잘 전달되는 순서로 이야기를 구성하는 법, 알기 쉽게 표현하는 기술, 사람을 움직이는 방법 등에 대해 알아보았다. 설명의 기술은 이미 충분히 익혔을 것 같은데, 마지막으로 다시 한번 그 설명에 '과부족'은 없는지 점검했으면 한다.

이 책은 단적으로 빠르게 설명하는 것을 지향해왔다. 하지만 설명이 부족하면 나중에 문제제기가 들어오고 이를 해결하는 데 시간이 걸리는 수가 있다. 이전에 하와이로 여행을 갔을 때의 일이다. 비단 하와이에만 해당되는 얘기는 아닐지 모르겠지만, 저렴한 관광 상품으로 여행을 가면

현지 면세점으로 안내되는 경우가 있다. 여행자를 면세점으로 데려가면 여행사가 면세점에서 수수료를 받는 것이다. 하와이 여행의 경우 면세점에 들르게 될 확률이 꽤 높지만 내가 하와이에 갔을 때는 면세점에 들르지 않았다. 그러자 함께 관광하던 이들 중 한 명이 "면세점에는 안 가나요? 그럼 곤란한데"라며 불만을 제기했다. 그녀는 면세점에서 지인들에게 줄 선물을 모두 사려고 생각했는지 "가지 않으면 곤란하다"라고 했다.

　나는 이 광경이 너무나 인상적이라고 여겨서 귀국 후 이 관광 상품에 대한 상세 내용을 확인해보았다. 잘 보니 '면세점에 간다'라고는 적혀 있지 않았다. 그러나 '안 간다'라고도 적혀 있지 않았다. 즉 관광의 일환으로 면세점에 들르지 않아도 계약 위반은 아닌 셈이었다.

　이 역시 146쪽에서 살펴본 것과 비슷한, 어긋난 스키마로 인해 발생한 오해였다. 이처럼 예상하지 못한 클레임을 한 번 겪고 나면, 대부분의 사람들이 이후에는 '설명 부족'이 발생하지 않도록 더 정성껏 친절하게 시간을 들여 설명을

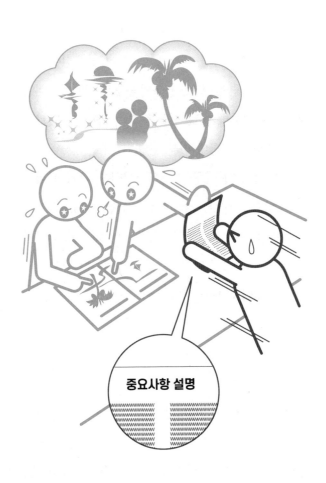

한다. '나중에 반격을 당할지도 모른다'라는 불안이 설명을 점점 더 길게 만드는 것이다. 그래서 여행 팸플릿의 요리 사진에는 일일이 '이미지 사진'이라는 설명을 다는가 하면 계약 전에는 상세한 장문의 '중요사항 설명서'를 읽어보도록 한다.

하지만 실상 이런 것은 의미가 없다. 길고 긴 '중요사항 설명서'를 꼼꼼히 확인하는 사람은 드물다. 게다가 근본적인 해결책은 아니라서 결국 새로운 클레임이 발생하기도 한다. 여기서 문제는 설명의 길고 짧음이 아니라 '인식의 차이'를 메우는 설명을 하느냐 못하느냐다.

"무료인 줄 알았어요."
: 서로 다른 생각이 불만을 낳는다

이전에 한 유명한 요리 전문가가 '부적절한 발언'을 해 인터넷을 달군 적이 있었다. 자신의 레스토랑에서 판매하는 물이 8000원가량이라는 비판을 받은 데 대해 "좋은 물을 주고 있는데 뭘. 더 비싸게 받는 가게도 있어요"라고 반론한 탓이다. 그 말에 대한 기사는 이후 인터넷에 넘쳐나게 됐다.

그의 발언을 문제시하는 전문가도 많았는데, 한 동업자가 그 '물'의 가치를 분석해 "그 정도 품질의 물은 4000원에도 팔리고 있다. 8000원은 비싸다는 소리를 들을 만하다"라고 언급하기도 했다. 사실 이 소동의 핵심은 '좋은 물을 제공하고 있는지의 여부'가 아니었다. '물 가격 8000원이 타당하냐, 아니냐'도 아니었다.

그러면 대체 무엇이 핵심이었을까? 그리고 '8000원짜리 물'에 대해 어떤 식으로 설명하면 고객이 이해해줄까?

✳

사실 인터넷의 입소문 사이트에는 그의 레스토랑에 대해 '주문도 하지 않았는데 멋대로 물을 따르고는 8000원을 받았다'라는 취지의 '불만 글'이 올라와 있었다. 이것이 바로 소동의 본질이었다. 어쩌면 고급 레스토랑에서는 '멋대로 유료의 물을 따르는 것'이 당연할지도 모른다. 그래서 이 요리사는 물을 따른다는 것을 전제로 '더 비싸게 받는 가게도 있다'라는 코멘트를 한 것이라고 보는 시각도 있다.

하지만 많은 사람들이 레스토랑에서 그냥 따라주는 물은 무료라고 여긴다. 당연히 이 레스토랑에서 물을 주었을 때도 무료라고 생각했을 텐데 유료였기 때문에 불만을 제기한 것이다. 가령 이 물이 1000원이고 가게에 들여오는 값보다 손님에게 받는 가격이 쌌더라도 불만은 발생했을 것이다. 가격이 문제가 아니기 때문이다. "술집에서 나오는 기본 안주도 마찬가지다. 손님이 따로 시키지 않았는데 나오는 경우가 있는데 그때도 돈을 받는다. 마찬가지 아니냐?"라는 반론이 있을 수도 있다. 하지만 기본 안주는 애당초 고객도 '돈을 내는 것'이라고 여기고 있다. 상세히 설명하지 않아도 가게와 손님의 인식이 일치하면 클레임은 발생하지 않는다. 그러나 '물'은 '무료'라고 생각했기 때문에 차이가 발생했다.

요컨대 자신의 머릿속과 상대방의 머릿속이 다르고, 상대방이 전혀 예상하지 않는 상황이 일어났기에 문제가 된 것이다. 메뉴에 '생수 8000원'이라는 표시가 있었어도 이 클레임은 발생할 수밖에 없다. 그 물이 얼마나 품질이 좋은지를 설명하고 정성껏 표시해도 소용없다.

물은 주문해야 갖다주는 것, 그리고 손님이 물이 없냐고 물으면 유료이고 8000원이라는 식으로 물을 따르기 전에 구두로 확실히 설명하는 것이 이 사례에서 불만과 소동을 방지하는 핵심이다. 유료로 파는 물밖에 없다는 것을 알면 고객은 불만스러울 수도 있지만, 적어도 납득하지 못하는 사태는 벌어지지 않는다.

상대방이 착각할 내용에 대해
선수를 쳐라

: 지나치거나 부족하지 않게 적정한 설명을 하는 기술

어떤 상품을 설명할 때 "이 상품에는 기능 A, 기능 B, 기능 C가 있습니다"라는 문장으로 100퍼센트 설명했다고 하자. 이것은 '올바른' 설명이다. 하지만 상대방의 머릿속에 '물론 기능 D도 있겠지'라는 확신이 있으면 "설명이 부족하다!"라는 소리를 듣게 된다. 여기서 "앞서 설명한 기능이 전부인데 괜찮으신가요?"라고 물어도 효과는 거의 없다. 왜냐하면 앞서 설명했듯이 상대방은 '당연히 기능 D도 있을 거야'라고 확신하고 있기 때문이다.

운 좋게 상대방이 "기능 D에 대한 설명은 없나요?"라는 식으로 질문할 때도 있긴 하다. 하지만 그럴 가능성은 높지 않다. 게다가 이때 문제를 방지하느냐 못하느냐는 순전히 상대방의 손에 달린다.

설명 부족을 방지하려면 상대방이 착각할 수도 있는 내용에 대해 선수를 쳐서 "혹시 이렇게 생각하실지 모르지만, 그렇지는 않으니 주의하십시오"라며 **명확히 부정해줄 필요가** 있다. '기능 A~C가 있다'라는 설명뿐만 아니라 '기능 D가 없다'와 같은 내용도 전달해야 한다는 말이다.

- "이 상품에는 전지는 포함되어 있지 않습니다."
- "런치 세트에 커피는 나오지 않습니다."
- "이 보험은 생애보험형이 아니라 계약 기간이 1년뿐입니다. 매년 갱신 수수료가 발생합니다."

위와 같이 상대방의 착각을 부정하고 "혹시 그렇게 생각하실지 모르지만 그렇지 않습니다!"라는 식으로 전달해야 한다.

설명 부족을 두고 전달자 개인의 태도나 자세가 문제라고만은 할 수 없다. 지금껏 이야기한 대로 상대방의 '착각이나 확신'과 '실제'가 달라서 문제가 일어나는 것뿐이다.

이런 생각의 차이는 리스트로 만들어 "사실과 다르니 주의하세요!"라며 상대방에게 알려주는 것이 좋다. 그것만으로도 설명 부족으로 인한 문제는 크게 줄어든다.

✳

한편, 주의도 필요하다. 극단적으로 말하자면 오만 가지 사항에 대해 부정해야 할 수도 있기 때문이다. "이 런치세트에 커피는 나오지 않습니다. 장난감도 제공되지 않습니다. 전화카드도 없습니다. 미니 티슈도 제공되지 않습니다……"와 같은 식으로 계속 설명이 이어지면 결국 '구질구질한 설명'이 되어버린다. 물론 반드시 이렇게까지 설명을 덧붙여야 하는 것은 아니다. 만약 설명을 듣는 상대방이나 고객을 예상할 수 있다면 그 사람이 오해하고 착각할 만한 점만 부정하면 된다.

만약 자사 상품에 대해 설명하는 경우라면 어떻게 '인식의 어긋남'을 막을 수 있을까? 앞서 여러 차례 언급한 '상대방 중심'으로 생각하는 자세가 여기서도 필요하다. '이 사람이라면 이렇게 생각할지도 몰라', '어쩌면 이런 걸 떠올렸을지도 모르겠다'라는 식으로 상대방을 관찰하고 사고

패턴 및 기분을 살펴 판단해야 한다. 클레임에도 큰 힌트가 숨어 있다. 클레임은 '지금까지 고객이 오해하던 내용'이니 리스트를 만들어 사내에 공유하는 것도 효과적인 방법이다.

또 하나, '자신의 업종과 상품 이름에 대한 오해'의 내용을 검색해보는 것도 좋다. 가령 '자동차보험 오해', '하와이 여행 오해' 등의 키워드로 검색해보는 것이다. 그러면 일반인의 블로그에서도 관련 내용을 찾을 수 있다. 그리고 '일반적인 사람은 이런 식으로 생각하는구나!' 하는 발견을 할 수도 있다. 일반인과 업계 종사자 간의 생각 차이가 눈에 들어오니 꼭 한번 시도해볼 만하다.

설명이 부족하거나 과도한 것은 어쨌거나 제대로 설명이 되지 않은 상태를 뜻한다. 당신의 설명이 눈앞의 상대방에게 잘 전달되느냐가 가장 중요하다.

설명에 대한 오해를 없애는 대책들

클레임의 리스트화

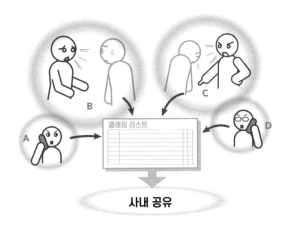

업종이나 부품의 이름에 대한 오해 검색

메일은 한 줄을 써도 괜찮을 때가 있다
: 정리되어 있는 내용은 짧아도 전달된다

일반적으로 메일을 쓸 때에는 설명이 길어지기가 쉽다. 나는 메일을 쓸 때 문자의 양을 줄이기 위해 의식적으로 메모 형식을 택한다. 그리고 용건 이외의 불필요한 내용은 적지 않도록 주의한다.

앞에서 언급한 사이버에이전트사의 후지타 사장도 메일은 한 줄로 쓰는 타입이었다. 'OO에게'라거나 '후지타입니다'라고도 쓰지 않았다. 대개는 '이렇게 해줘' 또는 '그걸로 OK' 정도의 내용만 적었다. 그래도 '무슨 이야기인지(주제)', '무엇을 해야 하는지(결론)'는 명확했기에 전혀 문제가 없었다.

종종 배려하려는 생각으로 인사말을 길게 쓰는 사람이 있는데 내가 보기에 기본적으로 긴 인사말은 불필요하다. 물론 초면인 상대나 경의를 표해야 하는 경우처럼 상황에 따라 의례적인 문장이 들어가야 할 때도 있다. 하지만 여러 차례 메일을 주고받은 사람이나 같은 사내의 인물에게까지 계절 인사나 안부를 적을 필요는 없다. 나는 '많은 도움을 받고 있습니다'라는 인사도 그다지 쓰지 않는다. 입으로는 말하지 않으면서 왜 메일에는 꼭 쓰려 하는지 신기할 따름이다.

말로는 '님'이라고 부르지 않으니 받는 사람의 이름 뒤에는 '씨'를 붙이는 경우가 많다. 물론 상대방과의 관계에 따라서는 위화감이 느껴질 수 있어서 '님'이라고 쓰기도 한다. 어쨌든 형식적인 인사에 주의하기보다는 상대방의 시간을 빼앗지 않도록 요점을 간결하게 쓰는 배려가 중요하다.

＊

과거에는 종종 '안녕하세요'라는 제목을 단 메일이 오갔다. 지금 이런 메일이 오면 당신은 어떤 생각을 하게 될까? 보낸 이가 모르는 사람이라면 스팸메일일 가능성을 생각할 것이다. 또 아는 상대라면 의도가 확실하지 않다고 여겨 대응하기 곤란해할지도 모른다. 뿐만 아니라 나중에 메일을 다시 찾기도 불편하다. 물론 잡담 정도의 메일이라면 괜찮다. 하지만 업무상의 메일이라면 제목만 보고도 내용을 알 수 있도록 쓰는 것이 좋다. 나중에 "그 제목으로 보낸 메일을 읽어보세요"라고 할 수 있으면 검색도 수월하다.

77쪽에서 일단 주제를 이야기의 서두로 가져오라고 했는데, 메일에서는 서두에 해당하는 것이 바로 제목이다. 나는 직원에게 보내는 메일은 **제목만 보면 모든 내용을 알 수 있도록 작성한다**. 가령 '내일 15시부터 예정된 회의는 취소 부탁'을 제목으로 쓰면 본문은 '잘 부탁해!'라는 한마디로 끝난다.

저자가 편집자와
취재에 대해 주고받은 메일

〈첫 만남 후에 저자가 보낸 첫 번째 메일〉

야마니시 씨

도움을 많이 받고 있습니다.

오늘은 정말 감사했습니다.
취재 일정 말인데요, 21일(토) 오후는 어떤가요?
장소는 시부야역 근처면 좋겠습니다.
검토 부탁드립니다!
고구레 다이치

◈ 첫 만남 후 처음 보내는 메일이라도 '…씨'라고 쓰는 편이 거리감이 없다.

◈ 도움을 많이 받고 있다는 인사도 처음이니 넣었다.

(편집자로부터 취재 시작 시간에 대한 질문 메일 도착)

〈두 번째 메일〉

연락이 늦었습니다!

시부야역 근처에서 13시 반에 시작하도록 부탁드립니다.
17시 반 정도까지는 시간이 괜찮습니다.

연락 바랍니다.
고구레 다이치

◈ 두 번째 메일에서는 '…씨'라는 호칭도 생략하고, '!'를 사용해 친근감을 표현했다.

◈ '잘 부탁드린다'라는 말도 굳이 쓰지 않았다.

(편집자로부터 취재 장소 선택에 대한 질문 메일 도착)

〈세 번째 메일〉

저는 잘 모르는 곳이니 야마니시 씨가 평소 이용하는 곳으로 하시면 됩니다〜^^

고구레

◈ 서명 역시 성만 썼다. 아무것도 쓰지 않는 경우도 있다.

◈ 세 번째 메일은 딱 두 줄이다. 이모티콘을 넣어 문자메시지 같은 느낌을 주고 불필요한 내용을 줄였다.

상대방은 생각보다
메일을 주의 깊게 읽지 않는다
: 요구 사항이 잘 드러나는 메일 쓰는 법

다음 페이지에 있는 글은 '제대로 설명했다고 생각하는데 예상한 답변이 돌아오지 않는다'라며 고민하는 분이 쓴 업무 메일이다. 그는 긴급한 안건에 대한 답장이 안 오는 경우도 있고, 여러 용건을 전달하고 난 뒤 일부에 대해서만 답변을 듣는 때가 있다며 고민이라고 했다. 그 이유를 짐작해보자.

메일에 쓴 문장 자체는 틀리지 않았고 어렵지도 않다. 가장 큰 문제는 요구 사항이 애매하다는 것, 그리고 메일의 길이다. 우선 제목에 '경리부의 가토입니다'라고 적혀 있는데, 이것만으로는 중요성이나 긴급성을 알 수 없어

상대방에게 뭘 해달라는 것인지
알 수 없는 메일의 예

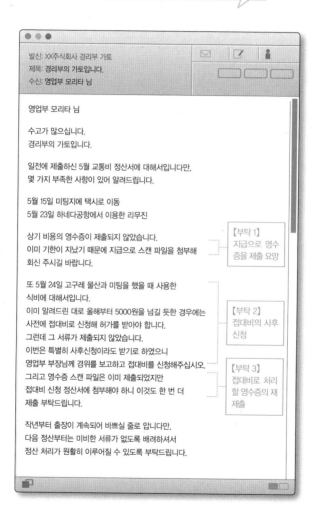

발신: XX주식회사 경리부 가토
제목: 경리부의 가토입니다.
수신: 영업부 모리타 님

영업부 모리타 님

수고가 많으십니다.
경리부의 가토입니다.

일전에 제출하신 5월 교통비 정산서에 대해서입니다만,
몇 가지 부족한 사항이 있어 알려드립니다.

5월 15일 미팅지에 택시로 이동
5월 23일 하네다공항에서 이용한 리무진

상기 비용의 영수증이 제출되지 않았습니다.
이미 기한이 지났기 때문에 지급으로 스캔 파일을 첨부해
회신 주시길 바랍니다.

【부탁 1】
지급으로 영수증을 제출 요망

또 5월 24일 고구레 물산과 미팅을 했을 때 사용한
식비에 대해서입니다.
이미 알려드린 대로 올해부터 5000원을 넘길 듯한 경우에는
사전에 접대비로 신청해 허가를 받아야 합니다.
그런데 그 서류가 제출되지 않았습니다.
이번은 특별히 사후신청이라도 받기로 하였으니
영업부 부장님께 경위를 보고하고 접대비를 신청해주십시오.
그리고 영수증 스캔 파일은 이미 제출되었지만
접대비 신청 정산서에 첨부해야 하니 이것도 한 번 더
제출 부탁드립니다.

【부탁 2】
접대비의 사후 신청

【부탁 3】
접대비로 처리할 영수증의 재제출

작년부터 출장이 계속되어 바쁘실 줄로 압니다만,
다음 정산부터는 미비한 서류가 없도록 배려하셔서
정산 처리가 원활히 이루어질 수 있도록 부탁드립니다.

길어지면 지는 것이다

우선순위에서 밀릴 수 있다. 나라면 제목에 '회신 바람', '3월 15일까지 답변 요망'과 같은 말을 넣겠다.

※

메일을 보기는 하지만 너무 긴 메일은 대충 읽는 사람도 있을 것이다. 요즘처럼 바쁜 시대에 주저리주저리 길게 쓴 글을 다 읽는 건 스트레스다. 그래서 일부에 대한 답변만 했을 수도 있다. 평소에도 늘 메일에 제대로 답을 하지 않는 '상습범'에게는 특히 더 짧고 단순하게 정리해 메일을 보내자.

앞의 메일에는 세 가지의 부탁 사항이 들어 있다. 따라서 '〔회신 요망〕 부탁 1', '〔회신 요망〕 부탁 2' 등의 방식으로 세 번에 걸쳐 나누어 보내도 된다. 인사글이나 장황한 설명은 필요 없다. 간결하게 '○○ 씨, 부탁이 세 가지 있습니다. 첫째……'라고 보내고, 다음 메일부터는 '둘째……'라는 식으로 한마디만 덧붙이면 된다.

보내는 쪽에서 생각하는 것만큼 상대방은 메일을 주의 깊게 읽지 않는다. 대화용 메신저를 사용할 때처럼 용건이 바로 전달되도록 하자.

긴 메일은 나누고,
제목에는 의도를 명기하자!

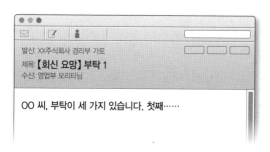

발신: XX주식회사 경리부 가토
제목: 【회신 요망】 부탁 1
수신: 영업부 모리타님

OO 씨, 부탁이 세 가지 있습니다. 첫째……

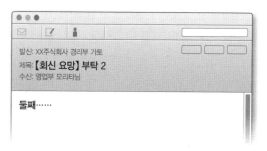

발신: XX주식회사 경리부 가토
제목: 【회신 요망】 부탁 2
수신: 영업부 모리타님

둘째……

발신: XX주식회사 경리부 가토
제목: 【회신 요망】 부탁 3
수신: 영업부 모리타님

마지막으로……

길어지면 지는 것이다

연습 4와 연습 5에서 쓴 문장을 다시 한번 읽어보자.
설명하는 상대방을 생각하며 불필요한 내용, 부족한 설명은 없는지
점검해보자.

"나는 이제 하고 싶은 말을 일목요연하게 할 것이다."

소통과 관련해 아이들에게 키워주고 싶은 능력은 나라마다 다른 듯하다. 일본에서는 많은 사람이 자신의 자녀를 상대방 기분을 알아차릴 수 있는 아이, 이야기를 경청하는 아이로 키우고 싶어 한다. 미국은 다르다. 미국의 부모들은 보통 자신이 원하는 바가 무엇인지 명확히 말할 수 있는 아이, 자신의 의사를 표현할 수 있는 아이로 키우고 싶어 한다. 일본은 정보의 수신 능력을, 미국은 정보의 발신 능력을 강조한다고 말할 수도 있겠다.

이러한 경향은 물론 사회 속에서 조성된 '희망'이 반영된 것이니 무엇이 더 좋다고는 할 수 없다. 다만 사회가 다양화되면서 '이야기를 듣는 것(정보 수신)' 이상으로 '이야기를 전달하는 것(정보 발신)'이 점점 중요해지고 있다.

정보가 제대로 전달되지 않았을 때 그 책임 소재를 어디에 둘지는 사회나 조직마다, 혹은 개인의 관계에 따라 다를 것이다. 그러나 크게 생각하면 '이야기를 듣는 사람이 이해하지 못한 것이 책임'이라고 보는 '수신자 책임'과 '전달하는 사람이 제대로 전달하지 못한 것이 책임'이라고 보는 '발신자 책임'으로 나뉜다. 일본에서는 오랫동안 '수신자 책임'에 무게가 놓여 있었다. 학교에서 수업을 이해하지 못하면 학생 탓으로 여겼다. 기업 내에서도 정보를 받는 사람에게 책임을 요구하는 일이 많았고, 나도 그런 경험을 해왔다.

물론 정보 수신자에게 전혀 책임이 없지는 않다. 듣는 자세나 집중력에 문제가 있으면 아무리 쉽게 설명해도 이해에 어려움이 있으니 말이다. 다만 이런 종류의 이야기를 할 때 "듣는 사람이 제대로 확인을 안 했으니 나쁘지"라고 주장할 수 있는 것은 애당초 전제 인식 및 공통 인식이 있는 경우뿐이다.

앞으로는 문화도 언어도 다르고 생각도 취향도 전혀 다른 인재와 교류할 일이 더 많아질 것이다. 앞서 미국에서는 자신의 의사를 표현할 수 있는 아이로 키우고자 하는 경향이 강하다고 했다. 미국처럼 다양한 사람이 사는 사회는 '수신자 책임'보다도 '발신자 책임'을 의식할 수밖에 없을 것이다.

＊

물론 상대방이 전달하고자 하는 내용을 열심히 이해하려는 자세는 매우 중요하다. 커뮤니케이션 연수에서도 '듣는 자세(경청 능력)'에 대한 내용은 중요하게 다루어지고 있다. 그러나 듣기만 해서는 소통이 이루어지지 않는다. 즉 정보 수신 능력(듣고 질문하고 이해하는 능력, 이해를 위한 전제 지식 및 상황을 파악하는 능력)만으로는 부족하다. 수신 능력만으로 해결되는 상황은 과제가 주어지고, 주어진 과제에 자신이 홀로 매진하면 되는 경우뿐이다. 수험 공부를 가장 적절한 예로 들 수 있겠다.

되풀이해 이야기하지만 이 수신 능력을 너무 중시한 나머지 정보 발신 능력을 가볍게 여기는 것 아닌가 싶은 상황이 많다. 아직도 하고 싶은 말을 하지 못하고, 자신의 의도를 정확히 전달하지 못하는 사람이 매우 많다. 학교 교육도 여러 면에서 변화하고는 있지만 정보를 발신하는 능력을 육성하는 수업은 거의 없는 실정이다. 이러한 환경에서 자란 사회인이 변화가 빠른 비즈니스 환경에서 문제를 처리하고, 다양한 사람과 커뮤니케이션을 제대로 해내며 업무를 수행할 가능성은 크지 않다.

자신이 생각하는 바를 스스로의 언어로 타인에게 전달하지 못하면 뒤처진다. 나는 그 점에 위기감을 느끼고 이 책을 썼다. 제대로 된 설명 능력을 익히고 사회에서 더 크게 활약하는 데 이 책이 도움이 되기를 바란다.

옮긴이 **황미숙**

경희대학교 국문과를 졸업하고 한국외국어대학교 통번역대학원 일본어과에서 석사 학위를 받았다. 현재 엔터스코리아 소속 일본어 전문 번역가이자 출판기획자로 활동하고 있다. 《책 읽는 사람만이 닿을 수 있는 곳》, 《어른의 말 공부》, 《한 문장으로 말하라》, 《일본 최고의 대부호에게 배우는 돈을 부르는 말버릇》 등 다수의 책을 우리말로 옮겼다.

횡설수설하지 않고 정확하게 설명하는 법

초판 1쇄 발행 2017년 8월 28일
2판 1쇄 발행 2022년 9월 19일
3판 1쇄 발행 2024년 1월 10일
3판 2쇄 발행 2024년 2월 5일

지은이 • 고구레 다이치
옮긴이 • 황미숙
펴낸이 • 박선경
기획/편집 • 이유나, 지혜빈, 김선우
마케팅 • 박언경, 황예린
제작 • 디자인원(031-941-0991)

펴낸곳 • 도서출판 갈매나무
출판등록 • 2006년 7월 27일 제395-2006-000092호
주소 • 경기도 고양시 일산동구 호수로 358-39 (백석동, 동문타워 I) 808호
전화 • (031)967-5596
팩스 • (031)967-5597
블로그 • blog.naver.com/kevinmanse
이메일 • kevinmanse@naver.com
페이스북 • www.facebook.com/galmaenamu

ISBN 979-11-91842-62-3 (03320)
값 16,000원